JN439895

드디어 전라도人 임을 자랑할 때가 왔다

드디어 전라도人 임을 자랑할 때가 왔다

경상도는 정권창출에 목매지만 전라도는馬百高朝韓의 국가를 세우는 뿌리였다.

전라도인 이라면 누구나 꼭 읽어야 할 책이다. 단순히 그 땅에서 태어났다는 이유만으로 멸시와 비하 받고 심지어는 취업요강에서도 전라도인들에게 불이익 당하는 현실을 감안하여 전라도인들이 앞장서서 이 책을 읽고 훈요십조 해석이 잘못되었음을 세상에 알려야 한다.

서 문

이제 역사의 겨울은 지나가고 있습니다. 언제나 봄은 남쪽에서부터 오지요. 그간에 잘 참고 웅크렸든 전라도인들이 봄을 알려야 할 때입니다. 친일 어용학자들이 왕건의 훈요10조중에 8조를 악의적으로 왜곡 해석하여 전라도인들은 억울한 누명을 쓰고 살아왔습니다. 칭찬은 고래를 춤추게 한다는 말이 있지요. 하지만 바다에 가서 확성기를 대고 아무리 큰 소리로 칭찬해도 고래는 춤을 추지 않습니다. 왜냐하면 고래가 춤을 추기까지는 인고의 세월을 견디는 심신 단련의 고단한 과정을 겪게 되지요. 아마도 조련사의 마음에 들지 않을 때에는 칭찬은 고사하고 폭언을 당했을지도 모릅니다. 그렇게 시련을 이긴 고래는 결국 춤을 추게 되겠지요. 우리 전라도인들은 훈요

8조의 잘못된 해석으로 인하여 간사하고 남을 잘 속이며 배신의 기질이 있는 사람들이란 억울한 누명을 쓰고 비난의 폭행을 당해왔습니다. 그 기저가 되는 왕건의 훈요 8조에 배역의 땅은 전라도가 아니라는 사실을 명백하게 해석했습니다. 이제 우리들은 칭찬받으며 춤을 춰야할 새로운 시대가 열렸습니다.

우리 전라도야말로 가장 순수한 단군혈통입니다. 우리는 마한(馬韓) 백제(百濟)고려(高麗) 조선(朝鮮) 대한민국(大韓民國)으로 이어지는 충절의 고장입니다. 아마도 조선창건 시조가 전주이씨 라는 것은 알겠는데 고려의 뿌리라는 말은 생소하다는 분들이 있을지 모르겠습니다. 왕건은 궁예의 부하로서 전남 무안반도 지역사령관으로 왔으며 궁예를 축출할 때 신승겸 박술회 등의 전라도 출신들이 적극적으로 왕건을 옹립(擁立)했습니다. 무엇보다도 나주 출신 오씨부인의 아들이 왕건의 후계자로 고려 제2대 효종대왕입니다. 단군 혈통인 마한의 뿌리로 대한제국의 한(韓)나라가 바로 "마한, 진한, 번한," 의 한(韓)에서 따온 것이며 대(大) 또는 제국(帝國)은 형용사일 뿐이란 사실을 이해하시고 우리는 한(韓)나라의 신민으로서의 '대한민국(大韓民國)에 뿌리란 사실을 기억하기 바랍니다. '삼한관경제(三韓管境制)' 시대부터 마한은 한반도에 자리 잡았으며 그 마지막이 전라남도 나주시 반남에서 끝나는 가장 순수한 단군혈통이고 중원에 있던 진한, 번한은 혼합 민족이 되어 경상도 지역으로 왔습니다. 한 지역에서 이렇게 긴 세월동안 국가메이커가 되어 지배세력으로 살아온 우리 전라도인들은 다른 지역 사람들로부터 경계를 받을 만도 합니다. 그래서 모략과 비하를 당했는지도 모릅니다. 사실 특정인을 겨냥해 단점만을 찾으려 한다면 그렇게 보일수도 있을 겁니다. 그러나 이제부터는 우리가 역사를 주도적으로 해석하여 전라도인들의 장점이 보이도록 노력해야 합니다.

차례

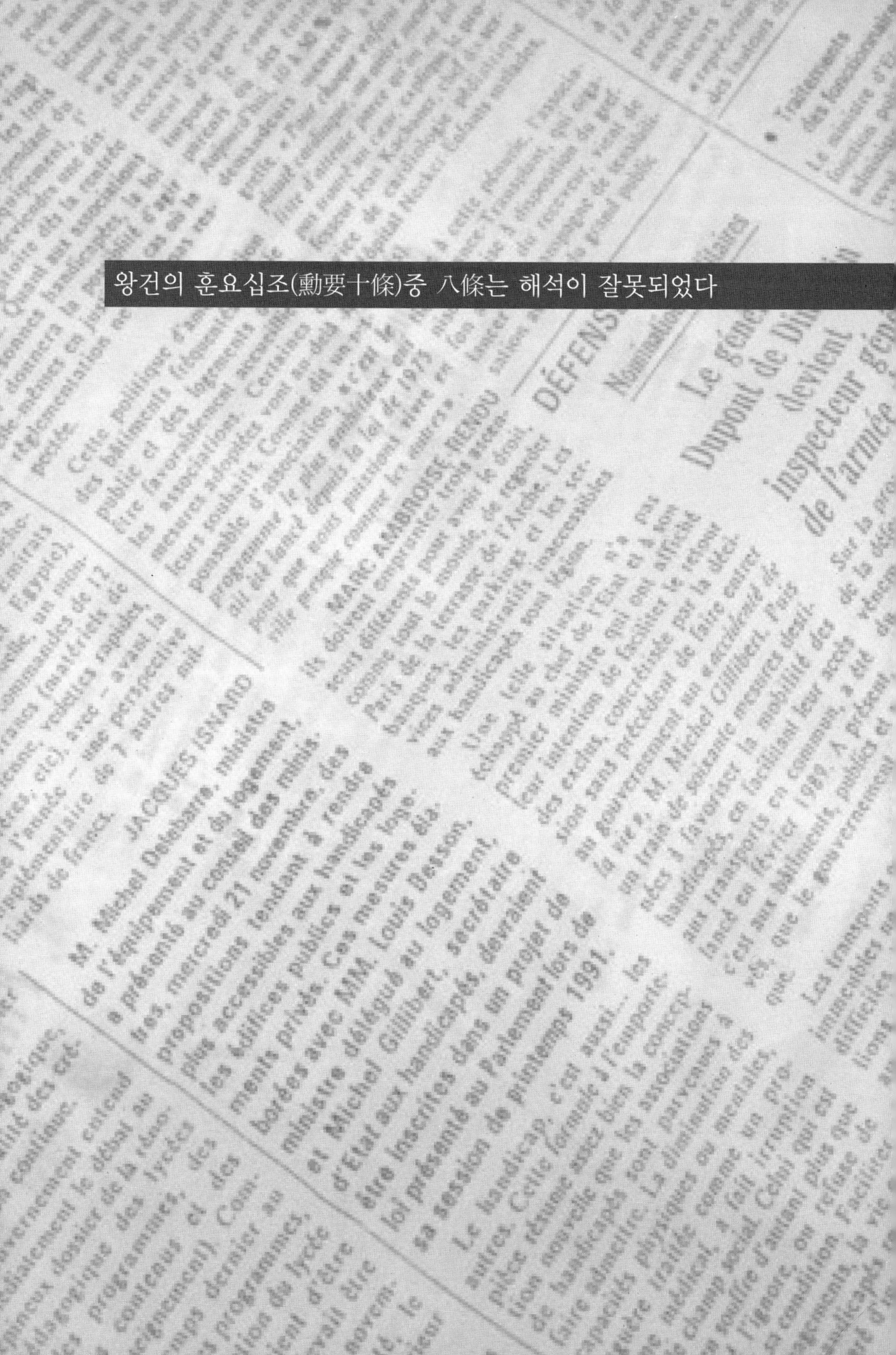

왕건의 훈요십조(勳要十條)중 八條는 해석이 잘못되었다

고려를 창건한 왕건은 전남, 나주와 무안반도에 걸쳐있었던 서남권의 해양세력을 동원하여 왕위에 올랐으므로 전라도에 기반을 두었고 무엇보다도 가장 중요한 유언인 훈요십조를 받아 적은사람 또한 전라도인 박술회였으며 제 2대 왕위를 계승한 분도 전라남도 나주 출신 오씨부인의 소생 '효종대왕' 이었습니다. 그런데 문제가 되는 것은 '훈요십조' 중에 제 8조에 수록된 다음과 같은 내용이 1천여년간에 걸쳐 간헐적(間歇的)으로 전라도인들을 괴롭혀왔습니다.

(본문인용)

其八曰:車峴以南公州江外山形地勢?趨背逆人心亦然彼下州郡人?與朝廷與王侯國戚婚姻得秉國政則或變亂國家或?統合之怨犯?生亂且其曾屬官寺奴婢津驛雜尺或投勢移免或附王侯宮院姦巧言語弄權亂政以致?變者必有之矣. 雖其良民不宜使在位用事.

8조: 차현이남과 공주강 밖은 산형과 지세가 배역하니 인심 역시 그러하다. 그 아래의 주(州)、군(郡) 사람이 조정에 참여하거나 왕후、국척과 혼인하여 나라의 권세를 잡게 되면, 변란을 꾀할 이유로 (후백제가) 통합당한 원망을 품고 임금이 거둥하는 길을 범하여 난리를 일으킬 것이며, 또 일찍이 관청의 노비와 진(津)、역(驛)의 잡척(雜尺)에 속했던 무리들이 권세 있는 사람에게 의탁하여 신역을 면하거나 왕후나 궁원에 붙어 말을 간사하고 교묘하게 하여 권세를 부리고 정치를 어지럽혀서 재변을 일으키는 자가, 반드시 있을 것이니, 비록 선량한 백성일지라도 벼슬자리에 두어 권세를 부리게 하지 말아야 한다.

즉, 요약하면 차현(車峴)이남 공주강외(公州江外)는 산이 뒤를 보고 돌아서 있는 형국이라서 풍수지리학적으로 역신을 배출할 징조이고 그곳에 사는 백성들은 교활하여 관직에 두지 말아야하며 항상 경계하라는 내용입니다. 훈요 8조의 통합지원범(統合之怨犯)이란 궁예(弓裔)세력집단임을 직접거론하기 곤란하여 줄임말이 분명해 보이는데도 원문에 있지도 않은 후백제(後百濟)란 문구를 삽입하여 왜곡해석하고 있습니다. 또한 그런 문구를 넣었다 하더라도 후백제는 전라도와 충청도일부지역에 걸쳐 있어 단순히 전라도에 국한 할 수가 없습니다. 분명한 것은 통합을 원망하는 범죄라는 것을 밝히고 있습니다. 만약 '통합지원' 을 가지는 자들이 후백제인 이라면 충청권 일부와 전라도가 모두 포함되지요. 그런데 전라도를 포함하는 지역에서 왕건에게 단, 한건의 통합지원에 의한 반란이 없었으며 궁예(弓裔)세력의 본거지인 충청도가 반란이 제일 많았고, 다음으로 경기, 강원도 순입니다. 그런데 오히려 충성을 다한 전라도에 통합지원을 뒤집어씌우는 것은 천부당만부당합니다. 그렇다면 피하 군.주인(彼下郡.州人)이 무슨 뜻입니까? 피해야할 즉, 주.군(州.郡)사람들을 이르는 말입니다. 이렇게 보면 지역범위가 아주 좁은 몇 개의 군,

지역(郡,地域)으로 한정됩니다. 그럼 넓은 지역을 이야기하려면 어떻게 설명할까요? 피하도인(彼下道人)이 됩니다. 예를 들어 피하, 하남도인(彼下,下南道人), 만약 특정지역을 거명하기 껄끄럽다면 최소한 '피하 하도(彼下 下道)' 라는 표현도 있지요. 고려시대엔 전라도가 하남도(下南道)였으므로 예를 들어 서남해안까지라든가...아니면 그 지역을 포괄하는 권역의 넓이를 암시해야 합니다. 또한 차현(車峴)을 넣는다고 해도 공주강외(公州江外)가 필요 없습니다. 만약에 공주(公州)라는 지역을 제외하고 싶었다면 공주강이하(公州江以下)또는 이남(以南)이라고 해야 옳으며 차현이든 공주강외든 둘 중에 하나는 빼야 문장이 맞습니다.

무엇보다도 고려시대엔 차령산이라는 지명이 존재하지도 않았고...차령산맥(車嶺山脈)의 발원(發源)지는 강원도 오대산에서부터 충청남도 계룡산을 거처 서천군에서 바다로 들어간 산맥이므로 차현(車峴)이 차령산맥을 의미한다면 그 것은 곧 강원도 오대산줄기 이하가 됨으로 전라도만 해당되는 것이 아니라, 경상도 전 지역과 충청남도의 대전시 와 논산군 연기군 등이 포함되고 충청북도 전역이 해당되며 또한 공주강외란 말에 의미가 이남(以南)을 뜻한다면 차현(車見)이남과 중복되는 문장이 됩니다.

○ 왕건은 자신의 안전을 지켜줄 중요한 자리엔 전라도 사람을 등용했다.

왕건은 그의 최측근으로 전라도 출신의 무신이었던 신승겸, 국사(國師) 도선, 재상 박술회,등을 총애하여 늘, 가까이에 두었을 뿐만 아니라, 왕건이 임종직전에 중요한 유언인 훈요십조를 구술로 전해 받았다는 분도 바로 전라도출신의 재상 박술회였습니다. 따라서 죽음을 앞에 둔 사람이 유언을 전한다는 것은 가장 믿을 수 있는 사람이어야 하며 그 분이 바로 전라도 출신인데 어떻게 전라도 사람을 경계하라는 요지의 훈요 8조를 전해주겠습니까? 더욱이 태조 왕건 치세에 주요직책을 전라도 사람들에게 맡겼습니다. 따라서 뭔가가 잘못되었습니다. 왕건은 지방 호족들과 많은 결혼동맹을 맺어 29명의 아내와 34명의 아들을 낳았습니다. 왕위를 물려주면서도 여러 지방의 호족들로부터 얻은 부인중에 가장 믿을 수 있는 전라남도 나주(羅州) 출신인 오씨 부인의 소생으로 후계를 삼아서, 정권을 계승했으며 그분이 고려 제2대 효종 왕이지만 그는 장남도 아니었습니다. 이런 사실로서 호남 사람을 경계하라는 요지의 유언을 했다는 것은 있을 수 없습니다. 그럼 유언이 조작되었거나, 해석이 잘못 되었을 개연성이 있으며 왕건은 오히려 믿을 수 있는 호남 출신으로 후사를 이어갈 것을 원하고 있었다는 정황을 효종대왕을 후계로 삼은데서 짐작할 수가 있을 것입니다.

또한 "훈요십조" 란 왕건이 재상 박술회에게 "명심사항" 이라며 문서 없이 구술(口述)적 유언을 전했다는 것인데 박술회가 왕건의 유언을 받아 적어 기록으로 남겼는지도 알려진바 없습니다. 왕건이 문서로 유언장을 남기지 않았다면 그것은 통치비밀로 취급하여 후대 왕들에게만 은밀하게 전하라는 뜻으로 해석할수 있음에도 불구하고 이것이 세상에 알려졌다면 그것도 납득하기 어려운 대목입니다. 굳이 긍정적으로 이해한다면 주요정책을 결정할 때 후대 왕들의 입을 통해 태조의 유언에 의하면 무엇을 어떻게 처리하라고 했다는 요지로 필요한 대목이 제시되면서 자연스레 알려졌을까요? 어쩌면 정쟁에 휩싸인 정책결정 사안에 한하여 참고사항으로 처결방향을 일러주어 부분적으로만 세상에 노출 되어져야 마땅하고 실제로 유언이 그렇게 활용되었을 것으로 짐작됩니다. 그런데 왕건의 사후 80여년 만에 이것을 세상에 알리는 사건이 일어납니다. 그 사건은 거란의 침공을 받아 고려실록이 불타 없어졌다는 겁니다. 그러므로 다른 기록에서 주요 사료들을 발췌하여 실록을 복원하는 과정에서 최제안 과 최항 이들 두 사람이 난데없이 사가에서 훈요십조를 발견했다며 조정에 가져다 바쳤다는 거예요.

문제의 훈요 8조는 차현(車峴)이라고 되어있는데 이를 차령산맥으로 해석한 것입니다. 그렇다면 차령이란 산맥의 이름이 언제 만들어졌을 까요? 놀랍게도 일본이 만들었다는 겁니다. 차령산은 본래 높지 않아서 그 줄기를 찾기도 쉽지 않고, 우리조상들이 애써 산맥 이름을 붙일 이유가 없는 평범한 산이었습니다. 왕건은 서기 877년에 개성에서 태어나, 943년 5월에 67세의 나이로 사망했습니다. 따라서 왕건 사후 918년이 지난 1861년에 고산자로 김정호가 제작한 대동여지도(大東輿地圖)에는 차현(車峴)이란, 지명위에 원기(院基)로 표기되었어요. 원기(院基)는 단단한 담장이라는 의미로 마치 담장같이 둘러쳐진 산으로 해석되어져야 할 겁니다. 역사적 근거도 명확하지 않은 차령산이란 이름을 후세에 차령산맥을 의미하여 차현(車峴)을 유언에 담겠습니까? 이는 당연히 의문을 가질수밖에 없는 이유입니다.

○왕건의 훈요십조의 제 8조에 차현(車峴)은 언제 어디서 온 말일까?

차현(車峴)이란, 지명이 올곧게 등장한 것은 왕건이 죽은 후 588년만에 조선중종25년인 1,531년 에 간행된 "신증동국여지승람" 입니다. 조선의 지리와 풍속 등을 기록하기 시작한 것은 (세종14년)왕건사후 489년만인 1,432년에 "팔도지리지" 를 편찬하면서 무려 98년간이나, 이어집니다. '동국여지승람' 은 왕건이 죽은지 538년만인 조선의 성종成宗12년에 왕명에 따라, 노사신(盧思愼, 양성지(梁誠之), 강희맹(姜希孟)등이 편찬한 지리지입니다. 법전인 경국대전(經國大典)사서인 동국통감(東國通鑑)과 더불어 조선의 성종시대에 편찬된 국책사업이라 할 수 있으며 새로 생겨나는 풍속과 지명을 추가하여 역사와 풍속 그리고 변화되는 지리를 기록해온 중요한 백과사전 같은 내용이지요.

○동국여지승람(東國輿地勝覽)의 편찬 및 수정 내역

1) 조선조(세종14) 왕건사후 489년만인 1,432년에 맹사성(孟思誠) 윤회(尹淮) 신장(新檣)등이 주관하여 "신찬팔도지리지"

2) (세조)왕건사후 510년만인 1,453년에 양성지등이 '신찬팔도지리지' 수정 보완 시작함

3) (성종8) 왕건사후 534만인 1,477년 팔도지리지 편찬

4) (성종10) 왕건사후 536년만인 1,479년에는 팔도지리지를 토대로

동문선(東文選) 문사(文士) 시문(詩文)을 첨가하여 전국각도의 지리와 풍속 등을 정리하는 작업을 시작...

5) (성종12) 왕건사후 538년만인 1,481년에 드디어 전 50권의 동국여지승람(東國輿地勝覽)을 발행 완성 했습니다.

6) (성종16) 왕건사후 542년만인 서기 1,485년 수정

7) (연산군 5) 왕건사후 556년만인 서기 1,499년 수정

8) (중종 25) 왕건사후 587년만인 서기 1,530년 수정

위 8번째인 (중종 25) 1,530년에 수정을 담당한 사람들은 이행(李荇), 윤은보(尹殷輔), 홍언필(洪彦弼)등에 의해 5권을 추가하여 전55권으로 된 증보판을 간행하여 신증동국여지승람(新增東國輿地勝覽)으로 명명되었습니다.

차현(車峴)이란 지명이 왕건사망 후 587년만인 "신증동국여지승람"에 드디어 나타나게 되는데 즉, 왕건사후 556년까지는 등장하지 않았던 지명이 왜, 별안간 나타났을까요? 즉, 일곱 번째 수정작업을 거

친 연산군조 까지의 시기엔 없었던 차현이 불과 31년 후에 등장합니다. 그간에 빠져있었던 것을 신증동국여지승람에 끼워 넣었을 것으로 추정됩니다.

훈요 제 8조 배역의 땅은 공주시, 청주시, 원주시, 삼각주 사이다

무엇보다도 중요한 것은 훈요십조 중에 제 8조에서 말하는 차현이남(車峴以南)공주강외(公州江外)란, 지역이 과연 어디이냐? 이지요. 여러 자료를 검토한 결과 이곳은 충남의 공주 강 외곽 북쪽과 경기도 안성시와 충북 음성군 삼성면 사이에 위치한 차현(車峴)이란 (수레티재)고개로부터 이남(以南)쪽인 청주 권역으로서 진천군, 청원, 그리고 충남의 아산, 천안시, 연기군, 예산군. 홍성군이 위치하는 구간을 말하는 것입니다. 왕건은 본래 궁예의 부하였고
쿠데타를 감행하여 정권을 잡았으므로 궁예의 정치적 세력권이었던 충청권의 반발이 컸습니다.

고려창건의 역사와 '훈요십조' 의 관계를 알려면 궁예 왕을 빼놓고는 이해할 수 없습니다. 궁예왕은 신라 제48대 경문왕(景文王) 5년(서기 865년)5월 5일에 경문왕의 왕자로 태어났어요. 원래 경문왕은 신라 제47대 헌안왕(憲安王)의 부마(駙馬)(사위)로써 이름은 응렴(應廉)이었습니다. 응렴이 부마가 되기 전에 국선{國仙} 즉, 화랑{花郎}으로 있으면서 어느 날 설형이라는 친구의 집에 갔다가 설형의 누이동생인 설 처녀를 보게 됩니다. 응렴은 그 처녀를 한번 보고 첫눈에 사랑을 느껴 몹시 그리워하게 되었지요, 하지만 특별한 인연이 닿지 않아 짝사랑만 하고 있었습니다. 그런데 마침 화랑들을 위무하는 잔치에서 헌안왕이 응렴을 눈여겨보게 되었어요. 당시에 헌안 대왕은

딸 형제가 있었는데 맏딸은 영화공주, 둘째 딸은 정화공주였습니다. 헌안왕은 응렴에게 호감을 가져 맏딸 영화공주와 결혼시켜 왕실의 (사위)부마도위(駙馬都尉)가 되었습니다. 그런데 헌안왕은 재위 4년 만에 승하하여 후사(後嗣)가 없었으므로 맏사위 응렴이 16세의 나이로 신라의 제48대 왕위를 이어가게 됩니다. 그분이 왕위에 올라 2년이 지난 18세가 되던 해에는 영화공주의 친동생 정화공주(처제)를 둘째 왕비로 삼고, 또 다음해 19세 때에는 총각 때부터 사모해오던 설형의 누이 설 처녀를 제 3왕비로 맞이했습니다. 경문왕은 이렇듯 세 왕비를 두었으며 특히 새로 맞이한 제3왕비인 설 왕후를 지극히 사랑하여 1년만에 설왕후로부터 경문왕 5년이 되던 해에 왕자를 낳았습니다.

○ 국선(國仙)은 어디에서 유래했으며 무엇을 의미하나?

여기서 경문왕이 활동했던 국선이 무엇인지 잠간 따져보고 갑시다. 국선(國仙)은 약 1만여년 전의 환인 시대부터 유래하는 것입니다. 국선은 국손(國孫)에서온 말이며 즉, 나라의 아들 '내셔널 손(National Son)' 입니다. 이것을 후대에 한문이 번역하면서 고상하게 국선이라고 한 겁니다. 요즘말로 하면 '대한의 아들' 이지요. 우리의 역사에 있어서 '랑가사상(郞家思想)' 을 빼놓을 수 없습니다.

*환국시대(桓國時代)에는 ‘제세핵랑(諸世覈郞)’

* 배달국(倍達國)(고조선) ‘국자랑(國子郞)’

* 북부여(北夫餘)에는 ‘천왕랑(天王郞)’

* 고구려(高句麗) 에는 ‘조의선인랑(組衣仙人郞)’

* 백제(百濟) 에는 ‘무절랑(無節郞)’

* 신라(新羅) 에는 ‘화랑도(花郞徒)’

* 고려(高麗) 에는 ‘제가화랑(諸家花郞) 선랑(仙郞) 국선 (國仙)

환인들이 아이를 낳아서 튼튼하게 기르기 위하여 체력을 단련했고 주로 산에 가서 참선(參禪)으로 심신을 연마했으며 인간은 언젠가 하늘로 돌아가는 것이고, 그 귀천(歸天)은 산으로부터 시작된다는 가르침에 따라, 조용히 눈을 감고 참선하다가도 위험이(적 또는 맹수가 나타날지라도) 닥치면 즉각 반응할(때려잡을) 수 있는 용맹한 담력의 무술을 연마하는 것이지요. 그런 취지로 체력을 연마하는 무도훈련 개념은 무술의 연마정도 따라서 국선도(國仙徒)라 불리게 되었으며 그들은 무리를 지어 공동체 집단 (국가집단포함)에 위험이 발생하면 목숨을 아끼지 않고 침략자를 격퇴하는 방위군 역할을 한 것이지요. 이를 가리켜 ‘제세핵랑(諸世核郞)’ 즉, ‘제네랄 쏘시얼 씨드 리더(General Social Seed Leader)’ 입니다. 인간사회를 이끌수있는 지도자 씨(氏)를 키운다는 뜻입니다. 본래 1만여년 전의 우리 조상들의 언어는 훗날 영어로 변했습니다. 그런데 3천여 전에 창제된 한문으로 약 7천여년 전의 언어를 번역하려니 비슷한 뜻을 가지는 엉뚱한 한자(漢字)로 바꿔놓은 것이지요.

배달국(倍達國)의 국자랑(國子郎)은 배달나라의 아들이라는 뜻으로서 '베더 내셔날 리더(Better National Leader)' 입니다. 이를 축약하면 내셔널 손(National Son)이지요.

*북부여(北夫餘) 또한 잘못 번역한 것이며 북(北)은 형용사로서 의미가 없고 부여는 곰 족을 의미하는 베어(Bear)에서 온 말입니다. 천왕랑(天王郎)은 하늘나라님 자손이란 뜻입니다. '하늘나라 리더(High Whole National Leader)라는 뜻입니다. 이상은 위에서 언급한대로 고대의 우리말(영어로 변함)을 사용하던 시대의 언어이지만, 고구려부터는 한문시대입니다. 따라서 한문 번역이 적절하지요. 그러나 신라의 화랑도까지는 영어입니다. 즉, 화랑은 '파이트 리더(Fight Leader)를 의미하지요. 물론 이 또한 한자가 잘못 번역한 것입니다. 꽃화(花)자를 써서 화랑으로 번역했는데 싸움을 전제로 훈련하는 사람들에게 꽃(미남)지도자라는 번역은 적절치 않습니다. 서라벌은 '서라운드 필드(Surround Filed)' 를 한문이 서라벌(瑞羅閥)로 잘못 번역한 것이며 우리말로는 둥근 벌판입니다. 신라(新羅) 또한 본래

우리의 고대어로는 '시 필드(Sea Field)' 이고 새벌이 아니라 '시벌' 입니다. 시벌이란 바다와 같이 넓은 벌판이란 뜻이지요. 그런데 한문은 시를 새신(新)자를 써서 '신라(新羅)' 즉, 새 벌판이라고 번역한 겁니다. 또 잘못한 번역이 있습니다. 발해(勃海)가 그것이지요. 발해는 고구려가 망한 후에 순수 한민족이 중심리더가 되어 대조영이 세운나라인데 이들은 순수 우리말(훗날영어)을 사용하는 사람들이라서 '시보일업(Sea Boil up)' 즉, 바닷물이 끌어 오르듯, 해일이 일어나는 것처럼, 번창한다는 우리 고대 언어의 뜻으로 나라이름을 지었고 세월이 지나면서 '시베리아' 로 변형되었는데 한문이 번역을 잘못하여 우쩍일어날발(勃) 바대해(海)자로 번역한 것이지요. 실제로 발해인들은 배를 잘 다뤄 백두산 너머에서 일본 열도를 항해하여 왕래했을 뿐 아니라. 물과 접한 곳에선 어디든 배를 띄웠습니다.

고구려에 와서는 국선도가 조의선인(組衣仙人)으로 바뀝니다. 조의(組衣)란 본래 삼베를 짠다는 뜻도 있고, 삼베의 실오라기처럼 꼼꼼하게 조직되었다는 연맹 단체를 의미하기도 하는 단어입니다. 그런데 요즘 학자들은 끈조(組)를 거칠조(粗)로 바꿔 조의(粗衣)로 쓰기도 하는데 아마도 현미처럼 거친 사람들이란 뜻으로 바꾼 것으로 짐작되나, 솔직히 나도 고구려시대에 살아보지 못해서 잘은 모르지만 산속에서 누더기 옷을 걸친 조의선인(組衣仙人)이란 뜻이 맞을 겁니다. 그건 그렇다. 치고 이 국선도가 신라에 들어와서는 여러분이 잘 아시는 바와 같이 화랑도(花郎徒)로 바뀝니다. 그래서 위에서 이야기 한 궁예의 아버지인 신라의 경문왕도 화랑도 출신이란 겁니다. 그런데 백제로 넘어가면 무절랑(無節郎)으로 바뀌지요. 하지만 여기서 갈라져 나간 것이 "싸울아비, 또는 싸움아비" 입니다. 이들은 정통 국선도라기보다는 건달패 비슷한 단체로서 왕실보다는 주로 호족들의 사병인 보디가드(Bodyguard)로 이용되었지요. 어떻습니까? 위에서 이야기하는 국선도, 조의선인, 화랑도, 보다는 '싸울아비' 가 한국적이지 않나요? 아마 지금도 연세 드신 어른들 중엔 깡패들을 가리켜 '싸움패' 라는 말을 쓰는 것을 들을 수 있을 겁니다. 이런 말은 백제의 '싸움아비' 에서 온 말이지요. 여기서 중요한 사실이 있는데요. '싸움아비' 가 일본까지 원정을 가게 됩니다. 훗날 일본에서는 '싸움아비 또는 싸울아비' 를 "사무라이" 로 바뀌었습니다. 백제의 건달들인 '싸움아비' 가 일본까지 진출했다면 당시의 일본은 백제의 식민지와 다름없이 백제계 사람들로부터 절대적인 지배를 받았다는 것을 알 수 있습니다. 그러다가 고려시대엔 '제가화랑(諸家花郎) 선랑(仙郎) 국선 (國仙) 수박회(手搏會), 또는 강예제,라는 무예가 존재했다는 것이며 조선시대에 와서는 무도(武道)가 타락하여 살수(殺手) 또는 검객, 시중잡배로 몰락하다가 일본식민지 시대엔 깡패집단으로 풀렸다고 여겨집니다.

버림받은 용덕왕자는 후일 궁예 왕이 된다

본론으로 돌아와서 용덕왕자가 탄생하자, 경문왕은 설 왕후를 더욱 극진하게 사랑하게 됩니다. 이에 반작용으로서 제1왕후 영화와 제 2 왕후 정화의 질투는 극에 달해 마침내 두 왕후는 설 왕후 즉, 제3왕후를 모해하기로 작정하고 '용덕왕자는 경문왕의 아들이 아니고, 이손(伊湊) 즉, 정이품(政二品)벼슬인 윤흥(允興)의 자식이다.' 라는 터무니없는 모략을 사실처럼 퍼뜨리고, 또 한편 대나마(大奈默) 정10품(政十品)벼슬로 있는 '일관(日官)간성' (천관=天官=천문을 관찰하는 사람)이라는 신하를 포섭하여 천문(天文)과 관상을 보니 용덕왕자가 이손 윤흥의 모습을 닮았을 뿐만 아니라, 용덕왕자의 등에 왕자골(王字骨)이라는 뼈가 있는데, 이는 장차 부왕을 죽이고, 나라를 망하게 만들 흉악한 징후라는 요지로 헛소문을 내도록 조종했습니다.

경문왕은 중신들로부터 이런 소문이 나돈다는 보고를 받고 몹시 마음이 심란했었는데 마침내 가장 신임하고 있는 일관 '간성' (천문으로 나라의 길흉을 점치는 사람)으로부터 그 소문들이 사실이라는 요지로 국가의 환란꺼리를 없애야 한다는 간곡한 진언을 듣게 됩니다. 경문왕은 간성의 거짓보고를 진실로 믿고 용덕왕자를 제거할 결심을 굳히고 신하에게 용덕왕자를 죽이라는 명령을 내립니다. 왕명을 받은 종사(宗師)는 이 사실을 제3황후에게 통보하게 되었고 제3황후는 하늘이 무너지는 듯한 절망감을 느낍니다. 왜냐하면 용덕왕자의 모후는 1,2,왕후인 영화와 정화의 시기를 받아 견제가 심해 눈에 잘 띄지도 않는 뒤 대궐에 거처하면서 사실상의 유배(流配)된 처지와 같은 신세로 모든 희망을 용덕왕자에게 걸고 이 시련의 시기를 견디고 있었어요. 그런데 용덕왕자를 없애라는 명령은 청천벽력과도 같은 소식이었을 겁니다. 오직 경문왕의 사랑하나 의지하여 1,2,왕후의 질투에 시달리는 인고의 세월을 견디는 형편인데 터무니없는 모략에 의한 왕명이 떨어졌다는 사실에 배신감과 절망, 그리고 분하고 원통함을 금할 길이 없어 경문왕에게 그 소문은 사실이아님을 간절히 하소연했습니다. 하지만 경문왕은 끝내 설 왕후의 애절한 마음을 받아주지 않았습니다. 경문왕마저 자신의 진심을 외면한다면 더 살아갈 이유가 없다고 생각하여 차라리 모자가 죽기로 작정하고 마침내 비장한 결심으로 "청화지" 라는 연못가에 있는 청련각(青蓮閣)이라는 누대(樓臺)에 올라가 칼을 입에 물고 용덕왕자를 연못에 던지며 동시에 자신도 거꾸로 뛰어내려 자살했습니다. 이 광경을 지켜보던 유모(乳母)가 용덕왕자를 살리기로 결심하고 연못가에 떨어지는 용덕왕자를 받아 안고 도망쳤습니다.

유모가 떨어지는 용덕왕자를 받으면서 손가락 하나가 용덕왕자의 한쪽 눈을 찔러 그는 애꾸가 되었으며 다행히 왕자는 유모의 기지로 구해져 먼 시골로 도망쳤다는 거예요. 유모는 그렇게 숨어서 사찰을 전전하며 용덕왕자를 기르다가 15세가 되던 해에 태백산 세달사(世達寺)에 들어가 허담화상의 상좌가 되고 불명(佛名)을 선종(善宗)이라하였습니다. 그리고 얼마 지난 뒤에 허담스님은 선종에게 태허(太虛)라는 법호(法號)도 지어 주었으며 용덕왕자가 '세달사' 에 있을 때에 법형제가 되는 혜원비구니의 극진한 사랑을 받았고 사제(師弟)가 되는 소허(小虛)와 의좋게 지냈으며 소허는 후일 후백제의 국왕인 견훤(甄萱)이었습니다. 태허스님은 27세 때인 신라 제 51대 진성여왕(眞聖女王) 5년 (서기 891년)에 절을 등지고 나서면서 자신의 이름을 활을 잘 쏜다는 의미로 "궁예" 라는 이름을 갖게 되었습니다. 궁예는 북원(北原)의 적수(賊帥)즉, 신라의 반란군 도적떼의 우두머리인 기훤(箕萱)의 부하가 되었으나, 그의 성품이 오만방자{傲慢放恣}하여 적응하기 어렵게 되자, 그를 떠나 또 다른 신라의 반란군인 양길{梁吉}의 휘하에 들어가 그와 합세하여 신라의 북쪽을 점령하였습니다.

그리고 양길의 딸 난영과 결혼하여 양길의 사위가 되기도 했으며 이로부터 3년 후인 신라 진성여왕 8년에는 오늘날의 강릉(江陵)인 명주(溟州)와 철원(鐵原)을 함락한 후엔 양길로부터 독립하여 스스로 장군이라고 자칭했습니다. 그리고 연이어 강원도와 황해도 개성일대까지 장악하여 제법 나라의 규모를 갖추었고 이때 오늘날의 개성(開

城)인 송악(松嶽)에 세력가인 왕륭이 전 재산과 사병(私兵)들을 궁예에게 바칠 것이니, 아들 왕건을 개성의 성주로 임명해달라는 간청을 받았으나, 왕륭의 본거지인 개성에 왕건을 성주로 임명할 경우 세력을 모아 쿠데타를 감행 할 것을 염려하여 미루다가 훗날 철원으로 도읍을 옮긴 후에 왕건을 철원태수로 봉하는 절묘한 인사를 했지만 끝내 왕건의 교묘한 쿠데타 모의를 막지는 못했습니다. 궁예는 신라 제 52대 효공왕(孝恭王) 2년에는 송악에 웅거하여 평안도와 한산주(漢山州)외에 30여성을 더 공략했습니다.

효공왕 3년엔 궁예 자신을 키워주었을 뿐만 아니라, 장인이기도한 양길의 군사무리를 왕건을 보내 격파했습니다. 이는 권력의 무자비함을 엿볼수있는 대목이기도하지요. 또 그 다음해 (효공왕 4년)엔 오늘날의 충주(忠州)인 국원(國原)과 청주(淸州)등을 함락하고 효공왕 5년에 왕위에 올라 국호를 후고구려라 칭했습니다. 소위 건국취지를 알리는 선포로서 궁예 자신이 나라를 세운 이유는 옛날 신라가 당나라의 힘을 빌려 고구려를 쳤으므로 내 반드시 그 원수를 갚겠다며 고구려 영토를 복원한다는 명분을 내세워 서북방을 정벌했습니다. 이때쯤 왕건에게 오늘날의 나주(羅州)인 금성(錦城)을 치게 하여 개성이남 경기북부 까지는 궁예가 직접 후백제를 압박했고 왕건은 전라남도 무안반도와 나주일대를 장악하여 궁예의 본진과 합동작

전을 펴게 됩니다. 후백제는 주력이 충청남도와 전라북도 사이에 갇힌 꼴이 되어 '상하 좌우' 가 막히게 됩니다. 동쪽으로는 신라가 있고 서쪽엔 바다이며 남쪽엔 왕건이 치고 올라올 기세이고 북쪽에선 궁예의 주력부대가 내리누르고 있는 처지가 되었습니다. 그렇게 견훤의 목을 서서히 조르는 지경으로 압박당했던 것이지요. 효공왕 8년에 궁예는 국호를 고쳐 마진(摩震)이라 하고, 연호를 무태(武泰)라 했으며 다음해에는 수도를 송악에서 철원으로 옮기고 그 후 6년(서기911년)에는 국호를 태봉(泰封)으로 고치고 연호를 수덕만세(水德萬歲)라고 정하면서 자기의 능력을 과신하여 부하들을 함부로 대했다고 전해지기도 하지요. 궁예가 옛날엔 불제자였음을 망각하고 자칭 미륵부처님이라고 행세하다가 신라 제54대 경명왕 2년(서기 918년) 6월에 54세를 일기로 왕위를 찬탈당하고 평강(平康)땅 삼방고개 밑에서 파란만장(波瀾萬丈)한 일생을 마쳤다는 겁니다. 궁예의 생애를 돌이켜보면, 왕족으로 태어났으면서도 궁중 음모에 희생양이 되어 애꾸눈이 된 사실과, 도적떼에 의탁하여 전투력은 익혔으나, 인재의 등용과 관리하는 통치기술인 정치경험이 부족했고 나라를 다스리는 이념도 불분명하여 단순한 성격으로 오직 신라의 왕실에 대한 원한을 갚겠다는 분기(憤氣)가 사무쳐 정치를 제대로 못했다는 비난을 받고 있습니다. 사람들은 그를 가리켜 장군의 자격은 있었지만, 왕자로서의 정치수련인 백성을 다스리는 정치능력을 배양하지 못했던 것이 그가 비극적인 삶으로 끝난 원인이 되어 일생을 바쳐 쇠약해가는 신라에게 치명상을 주었고, 도적떼가 전국각지에서 날뛰던 혼란한시기에 도적들을 소탕함으로써 왕건의 고려 개국에 토대만 닦아준 결과가 되었다고 평가하고 있습니다.

○ 승려 궁예의 파계(破戒)와 정치적 기반을 다지는 과정

궁예가 '세달사' 에서 승려생활을 하던 어느 날 까마귀가 날아가면서 자신의 바릿대(Bowl)로 상앗대를 떨어뜨리기에 신기하여 그것을 자세히 보니 왕{王}자가 써, 있어 이때부터 궁예는 자신이 중이나 하고 있을 사람이 아니라, 장차 나라를 일으킬 인물이란 신념이 생겼다는 겁니다. 이러한 결심을 계기로 파계승이 되어 도적떼의 수장인 기훤에게 의탁하려 했으나, 뜻이 맞지 않아서 그의 휘하를 떠나, 북원{北原}의 적수{賊帥} 양길{梁吉}을 찾아갑니다. 이때 '견훤' 의 휘하에 있던 원회{元會}와 신훤{申煊}도 궁예와 함께 북원으로 왔다는 것을 '삼국사기' 에 기록하고 있으며 양길은 기훤과 달리 궁예를 살갑게 대하여 군사를 나누어줘서 북원 동쪽 땅을 경략{經略}하도록 권한을 주었으므로 궁예는 치악산의 석남사{石南寺}에 진을 치고, 신라의 진성여왕 6년인 서기 892년까지 주천{酒泉} 내성{奈城} 어진(御眞)등등 명주{溟洲} 관내 10여개의 군현{郡縣}을 공략하여 항복시

켰으며 진성여왕 8년인 서기 894년에 드디어 명주를 점령했습니다. 삼국사기 {三國史記}에는 이때 궁예가 거느린 무리들이 3,500여 군중이었으며 궁예는 이들을 14개 부대{部隊}로 편제하여 김대{金大} 검모{黔毛} 흔장{昕長} 귀평{貴平} 장일{長一} 등을 사상{舍上}인 부장{副長}제도를 채택하는 등으로 일사불란하게 통솔 지휘했다는 겁니다.

*여기서 궁예가 들고 다녔다는 바릿대를 설명하겠습니다. 위에서 우리 고대인들 언어가 영어로 변했다는 사실을 언급한바 있습니다. 사실인지 한번 따져봅시다. 바릿대는 영어로 보올(Bowl)입니다. 대는 우드(Wood)이지요. 본래의 우리말은 '보올우드(Bowl Wood)' 인데 세월이 지나면서 '바루' 로 변형했다가 바릿대로 바뀌었지요. 절에서는 그렇게 나무 밥그릇을 사용했는데 사가(史家)에서는 사발(沙鉢)을 씁니다. 모래사(沙)자에 바릿대 발(鉢)를 쓰지요. 물론 사발은 모래로 만든다기보다는 규토, 시리카(Silica)를 사용하는데 이는 오늘날의 영어로 쏘일(Soil)임으로 '쏘일보올(Soil Bowl)' 이나, '샌드보올(Sand Bowl)' 은 별 차이가 없으니 편의상 모래로 만든 '보올' 이란 뜻인데 한문이 번역하면서 '쏠볼 또는 쌔볼' 로 불리든 것을 사발(沙鉢)로 바뀌었지요. 그럼 반찬을 담는 '보시기' 는 어떤 말일까요? 보올 식기(Bowl 食器)입니다. 한문이 들어오면서 '보

올' 은 식기(食器)라고 외우는 과정에서 '보시기' 로 변형된 겁니다. 그럼 밥은 뭘까요, 푸드(Food)에요. 숟가락은 뭘까요? 그냥 스푼입니다. (Spoon) 스폰서(Sponsor)는 한 숟가락씩 떠 넣어서 보탠다는 뜻입니다. 스님이 등에 지고 다니는 '바랑' 이라는 것이 있었습니다. 그것은 본래 나무 밥그릇을 목에 걸고 다니면서 탁발을 한데서 유래한 말인데요. 바랑이 아니라. 볼항(Bowl Hang)입니다. 지금도 캄보디아, 태국, 그런데 가면 스님들이 '바가지' 같은 것을 들고 탁발(托鉢) 즉, 밥을 얻으러 매일 거리로 나옵니다. 그럼 탁발(托鉢)은 뭘까요? 본래 탁발이 아니라. '테이크 보올(Take Bowl)' 입니다. 밥 한 그릇씩 얻어온다는 뜻이지요. 그럼 바가지는 뭔가요? 패키지(Package)입니다. 그럼 준다는 뜻의 기브(Give)가 우리말 기부(寄附)와 같다는 것 까지만 하고 끝내겠습니다.

우리고대어를 찾아내면 거의 99%가 영어입니다. 우리말이 영어권으로 넘어간 역사도 밝힐 수 있습니다. 참고로 문경주는 2014년에 '단군이 영어했다.' 란 책을 썼는데 그 책에 수록된 것은 일부분이고 2015년 현재는 상당히 많은 영어가 우리말임을 밝혀냈습니다. 그런데 어떤 분들은 가끔 반문하지요. 현재의 영어발음과 차이가 난다고 말입니다. 당연하지요. 우리말이 얼마나 자주 바뀝니까? 요즘 젊은 세대와 노인세대 간에도 언어소통이 잘 안 되는 말이 많습니다.

그나마 고대엔 말이 덜 바뀌었기에 아직까지 남아 있는 것이지요. 예를 들어 같은 한문을 쓰는 중국 발음과 한국 발음을 비교해보십시오. 중국사람들은 한국을 '한꿔어' 또는 사천성(四川城)을 '수찬처응' 이라고 발음합니다. 물론 한문이 창제된 3천여년 전엔 발음이 같았지요. 다른 한자도 마찬가지입니다. 엄청나게 변했어요. 하하하

▲ 이 대목은 무당역할로 궁예 왕의 영혼을 불러 직접 들어보도록 하겠습니다.

○ 궁예 왕은 왕건의 쿠데타를 막지 못해 실패했다.

세상 사람들은 나를 궁예라고 부르지요, 하지만 내 진짜 이름은 용덕입니다. 내가 궁예란 이름을 갖게 된 이유는 활을 잘 쏘는 사람이란 뜻입니다. 먼저 나의 파란만장했던 과거사의 사건이력을 정리하고 시작하겠습니다.

861년(추정) 궁예 출생

866년 견훤 출생

876년 궁예 '세달사' 에서 계를 받고 승려가 됨

877년 왕건 출생

891년 궁예, 죽주 농민봉기군 기훤(箕萱)의 무리를 찾아감

892년 궁예, 원회와 함께 북원(원주)의 양길에게로 감

892년 양길, 궁예로 하여금 백오 내성 · 정선 · 삼척 · 울진을 토평케 함

894년 궁예, 명주(강릉)를 토평하고 군사 3,500명을 모아 14대로 편성하고 구예를 총 대장군으로 추대됨.

895년 궁예, 동쪽지역 (인제) · 낭천 · 광평 · 철원 등 한주 관내 10여 개 군현 점령. 내외관직 설치.

896년 송악군(개성)의 왕건 부자 궁예에게 귀순

898년 7월 궁예, 현재의 황해 · 경기 일대 30여 성을 취하고 송악성을 도읍으로 정함

899년 9월 양길, 북원(원주) · 중원 · 국원(충주) 등 30여 성의 군사를 합쳐 궁예에게 저항했으나 패함.

900년 중원 괴양의 청길과 신훤이 궁예에게 투항 901년 궁예, 국호를 후고구려로 건국하고 왕으로 즉위

904년 궁예, 국호를 마진(摩震), 연호를 무태(武泰)로 함. 내외 관제 정비.

905년 궁예, 철원으로 도읍을 옮기고 연호를 성책(聖冊)이라 함. 서원경(청주)에서 1,000호를 철원으로 이주시킴

910년 후백제 견훤, 3,000명의 병력으로 10여일간 전남의 나주성을 포위 공략했으나 실패함

911년 궁예, 국호는 태봉(泰封), 연호는 수덕만세(水德萬歲)로 바꿈.

911년 발해왕 대인선, 궁예에게 사신을 보내옴.

918년 홍유 · 배현경 · 신숭겸 · 복지겸이 왕건을 앞세워 모반. 궁예 폐위

919년 견훤, 신라를 공격하여 경애왕을 자살하게 하고 경순왕을 세움. 견훤군과 왕건군이 팔공산에서 격돌

935년 경순왕이 고려에 귀순함으로써 신라 멸망, 신검이 아버지 견훤을 금산사에 유폐시키고 왕위에 오름. 견훤이 왕건에게 투항

936년 신검이 이끄는 후백제군을 왕건이 대파하고 후삼국 통일

위에 열거한 사건기록과 같이 내 생애는 거대한 역사드라마 그 자체였습니다. 그러나 분명하게 말할 수 있는 것은 내가 이상주의(理想主義) 미치광이가 아니라. 환인 단군의 나라인 고토(故土)를 회복하고 백성에 의한 백성의 나라를 세워 우리 한민족의 웅비를 세계만방에 우뚝 세우려는 큰 꿈이 있었습니다. 그러나 당시의 백성들 수준이 나를 이해할 수 없었던 관계로 그들이 알아듣기 쉽도록 미륵세상을 구현하겠다는 이상론을 펼친 것이지요.

궁예의 하나밖에 없는 눈조차 무시하고, 왕건의 한 쪽 눈으로만

시대상황을 보고 가르쳐왔다

“삼국사기” 와 “고려사” 는 나 궁예의 몰락에 대해 잔악한 성격과 미신적 행동으로 지지세력을 잃고 자멸한 것으로 기록하고 있어요. 그렇지만 왕건의 즉위 이후에도 반란 사건은 네 번이나 기록돼 있습니다. 왕건의 즉위 5일만에 환선길이 모반을 꾀하다 실패하여 참수됐고. 14일째 되는 날에는 이흔암이 반란을 꾀하다 주위의 신고로 체포되어 극형으로 다스린데 이어 동년 9월과 10월에는 청주인에 의한 모반사건이 연이었을 뿐만 아니라, 명주(강릉)의 실력자 왕순식 역시 왕건에게 복종하기를 계속 거부했어요. 이 와중에 공주(公州) 등 10여개 주(州) 현(縣)이 자발적으로 후백제에 투항한 사실은 왕건이 나, 궁예의 정권찬탈에 반항하는 세력들이 있었던 것을 사실적으로 기록한 정사에서 확인할 수 있습니다. 따라서 왕건의 등극은 모든 ‘백성들의 전폭적 지지속에 이뤄진 천명(天命)에 따른 순치혁명’ 이었다는 주장이 허위임을 말해준 반증이었다고 봐야합니다.

고려의 사가들은 내 장남을 청광보살(淸光菩薩),차남을 신광보살(神光菩薩)이라고 칭하며 나, 스스로가 미륵불(彌勒佛)로 자처한 것에 대해 나를 ‘과대망상(誇大妄想)’ 증 환자로까지 몰아붙이고 있습니다. 나는 이미 용덕왕자로 태어나 분란을 겪을 때부터 이 사바세계의 평정을 위한 시련을 겪으며 내가 성장하여 미륵이 될 팔자라고 생각했습니다. 미륵이 무엇입니까? 2015년의 대한민국 정치처럼 무식한 늙은이들의 잘못된 투표로 나쁜 정권들을 창출하듯 말세가 되어 불교의 교리와 부처의 설법으로도 세상이 고쳐지지 않을 때 나타나 중생을 구제하는 구원불자(救援佛子) 아닙니까? 신라 왕실은 부패했고, 지방관은 공공연한 도둑이 되었으며 비적들이 날뛰는 험한 세상이 말세가 아니고 무엇이오. 나는 10여년간 불가의 계율을 닦아왔고, 20년간 백성을 구제하는 데 바쳤소이다. 왕법과 불법을 통합해 불국토국가(佛國土國家)를 세우는 것이 내 필생의 과업이었단 말이오. 신라의 진흥왕 역시 장자를 동륜(銅輪), 차자를 철륜(鐵輪)이라 칭하고, 스스로 승려가 되어 불법과 왕법을 일치시키려 하지 않았소이까?"

또한 왕건의 사가{史家}들은 내가 쓴 경전을 반대했다는 이유만으로 석총을 쇠몽둥이로 때려죽인 것은 무자비한 행동이었다고 비난했습니다. 그렇지만 석총은 죽어 마땅했습니다. "석총은 내가 10여년간 수도생활하며 정진한 공부와 20년간 미륵세상을 이루노라 속세에서 분투한 경험을 살려 저술해 놓은 20권의 저작을 '사악하고 괴상스런 아설괴담' (邪說怪談)이라며 한마디로 무시했소이다. 일개 중이 저작한 단, 한권의 책이라도 그렇게 비하할 수는 없는 것이지요. 게다가 석총이란 자는 '가사(袈裟)' 한 벌과 189자의 불법간자(佛法簡字)를 왕건에게 바쳤다는 이야기가 내 귀에도 들어왔어요. 이는 '부처의 뜻이 왕건에게 있고 후삼국 통일의 대업을 왕건에게 맡긴다는 불심의 지지를 암시하는 정치적인 의미로서 아주 중대한 반역이에요. 내가 눈을 번연히 뜨고 있는 치세에서 나, 궁예에 대한 반역의 뜻을 밝힌 놈인데 그를 쳐 죽이지 않고 가만둘 수가 있겠소이까?

왕건 일파들은 석총을 타살한 것이 내가 스스로 미륵불이라고 칭한 과대망상증에서 빚어낸 살해사건으로 매도했지만, 그 배경에는 이렇듯 복잡한 종교결합의 정치적 반역에 이유가 있었습니다. 당시에 미륵불교는 두 갈래의 세력으로 갈라져 즉, 석총이 속한 진표 계파와 나, 궁예가 계승한 태현계파 간의 대립에서 발생한 사건이었지요. 불교계가 상당한 정치적 영향력을 가졌던 시대에 진표계가 이미 왕건 패거리들에게 포섭되어 불교 본연의 중생구제보다는 정치에만 관심이 있어 왕건에게 협력하고 있었으므로 나는 석총을 없애서 불국토 실현의 장애요인을 제거하려 했던 겁니다. 하지만 이제 와서 돌이켜 보면 불교를 이용하여 정치를 했던 나, 궁예나... 왕건에게 붙어 정치에 개입한 석총이나, 별로 다를 바 없었으니 그저 덧없는 객기는 아니었는지, 후회도 됩니다. 하하하

○ 호화판 궁전 건설로 백성을 고통스럽게 했다는 비난은 사실일까?

왕건 세력들은 내가 도성을 철원으로 옮기면서 왕궁을 지나치게 화려하게 건설하려 했다고 비판도 했습니다. 하지만 철원의 성곽은 기껏해야 둘레 1만4,421척(4,370미터)의 외성과 둘레 1,905척(577미터)의 내성으로 이뤄진 토성이오. 당시엔 아직 삼국통일 전쟁이 끝나지도 않았는데 그 정도의 규모가 무슨 사치란 말이요? 사치란, 비단옷을 입고 금은보화로 치장하거나, 여색을 밝히는 자들에게 해당되는 것이지요. 나는 여색이라곤 밝힌 적이 없소이다. 오직 왕권(王權)을 튼튼하게 하려고 궁궐을 크게 짓는 것이, 사치입니까? 다만 철원이 척박한 땅이고, 배를 띄워 물건을 실어 나를 물길이 없어 물자들을 운송하는 백성들의 노고가 가중된 것은 마음에 걸렸소이다. 내가 후회되는 것은 물길이 닿는 곳에 도읍을 정했어야했다는 것을 뒤늦게 깨달았습니다. 사실! 나중에 생각해보니 당시엔 물동량수송을 뱃길에 의존해야 하던 시대라서 철원은 도읍지로 적당치가 않았습니다. 또한 고려사에는 내가 짧은기간에 국호를 후고구려→마진→태봉으로 세 차례나 바꾼 이유를 들어 나의 통치능력 부족이나, 정체성도 없고, 개인적인 성품이 변덕스럽기 때문이라고까지 비난했습니다. 또는 고구려를 계승하기보다는 '궁예라는 내 명예' 를 내세운 영웅주의에 발로라며 비난하기도 합니다.

하지만 내가 나라를 일으킬 당시만 해도 지역마다 근거를 둔 토착세력들이 도적질로 활개치고 있었소이다. 후고구려를 건국할 때 각, 지역의 세력가들이 항복하거나, 귀순해온 것은 새롭게 나라를 일으켜 제민보국{齊民保國}한다는 차원에서가 아니라, 그들의 기득권을 보장받기 위해서였어요. 그들은 언제고 틈만 보이면 본색을 드러내어서 이권을 탐하고 백성을 갈취하거나, 권력을 넘보려는 무리들입니다. 그런 자들에게는 내가 감히 범접할 수 없는 지도자이거나, 강력한 군주라는 이미지를 심어주지 않는다면 통솔체계가 무너져요. 그래서 시급하게 미륵세상을 구현하여 백성을 구제하고 튼튼한 나라를 세우려는 내 의지가 강하게 부각되어야 할 필요가 있었습니다. 사실 그런 오합지졸의 무리들을 잘 이끌어서 국권을 강화해 인민을 지키고 양육시키기에는 턱없이 모자랐습니다. 그들은 잘 다듬어지지도 훈련되지 못한 왈패 같은 무리들에 불과했어요. 처음에 후고구려라 했던 것은 내가 근거를 두었던 지역이 고구려 고토였음을 염두에 두어 그들의 반발을 최소한 줄이려 했던 것이었소이다. 그러나 왕권을 강화할 힘이 뒷받침될 때마다 나라 이름에 더욱 큰 의미를 두어 국권을 강화하고자 했어요. 마진(摩震)이란 국호는 대동방국(大東方國)이라는 의미를 지녀 후고구려보다 더 큰 뜻을 가지고 있었어요. 하지만 나는 조화로운 이상적인 낙원이란 뜻을 지닌 태봉(泰封)이 국가명칭으로는 가장 좋았다고 생각합니다. 도처의 지방에 할거(割據)하던 세력을 전부 통합하지 못했을 뿐더러 중앙에서도 청주계

열 대, 그 밖의 지역 간에 암투가 끊이지 않았고, 거기에다가 6두품 출신인 전문 관료세력 대, 비천한 초기참여 도적들에 지나지 않았던 세력 간의 대립이 치열했던 상황이었음을 감안하지 않고, 강력한 친위 기반도 없이 국권과 왕권만을 강화하려 했던 것이 너무 성급했다고 비판한 왕건 세력들의 주장을 인정하여 나도 반성하고 있습니다.

사실 나는 4년여 전에 왕건으로부터 반역의 기운이 있다는 내봉성{司正}담당의 보고도 있었고, 내 느낌도 심상치 않아 역모의 죄를 물은 적이 있지 않았습니까? 그런데 교활한 왕건이 내직 첩자의 코치를 받아 재치있게 수긍하고, 반성의 기미를 보이는듯 싶어 오히려 상을 주고 무마하려 했어요. 또한 그토록 많은 전투에 공이 있는 왕건을 처형하기도 그렇고…송악을 비롯한 왕건의 세력도 만만찮아서 그냥 놓아 주었던 것이 끝내 화를 불렀던 것 같소이다. 어쩌면 왕건의 쿠데타는 오래 전부터 준비돼 왔다고 볼 수 있어요, 쿠데타 당시 41세였던 왕건은 이미 10여년, 전인 30세 때 금탑에 올라가 왕이 되는 꿈을 꾸었다고 하지요. 왕건은 내직보다 전쟁터를 돌며 군부를 장악해 가고 있었어요, 궁궐에도 신라 6두품 계열이 주류를 이룬 실무관료들을 자신의 세력으로 심어 놓고 있었습니다. 이들 전문 관료들은 나, 궁예가 초기세력을 형성해 가고 있던 시기의 창업공신들인 하층민, 승려, 무인세력들과 이미 상당한 대립관계에 있던 상황이었습니다. 송악의 세력가 왕륭이 자신의 군사와 재산을 내게 주며 대신 그의 장남 왕건에게 송악성을 맡겨달라고 했을 때부터 범상치 않음을 알았지요. 그때 왕건의 나이 갓 스물이었어요. 이른 나이였지만 성주를 하고도 남을 인물이었소이다. 왕륭의 노림수가 무엇인지 알았기에 왕건을 송악성주로 임명은 하지 않았지만 훗날 철원태수를 맡겼지요. 왕건이 탁월한 군사능력을 보여 삼한 각지로 영토를 넓혔소만... 곳곳에 자기 세력을 키워놓는다 하여 경계를 했어야 했는데 많이 부족했어요. 특히 내가 철원으로 환도한 뒤에는 해상활동이 미흡하다거나, 새롭게 귀순한 청주지역 사람들만 중용한다며 왕건 세력의 불만이 많았지요. 내가 철원에 다시 도읍을 정한 것은 강성하던 후백제와의 싸움을 미루고 이미 쇠락한 신라를 먼저 쳐서 삼한 통일의 기틀을 다지고자 하는 뜻이었습니다. 그러나 저들은 이렇게 원대한 내 뜻은 모르고, 자신들의 세력만 키우려 하고 있었으니 참 답답한 노릇이었습니다. 그리고 쿠데타가 일어난 918년 왕건 세력은 당나라 사신인 왕창근이 가져왔다는 거울에 '궁예의 시대는 가고, 왕건이 천명을 받았다' 는 내용을 암시하는 참언이 새겨졌다며 교묘하게 거짓말을 꾸며 저잣거리에 퍼뜨리고 있었습니다. 이는 고대부터 있었던 천명설을 이용하여 우매한 사람들을 세뇌시키는 수단이었지요, 유형은 좀 다르지만 훗날 친일역적의 잔당들이 한국적 민주주의 논리를 조작하여 언론을 통해 무식한 사람들을 세뇌시키는 이치와 같은 것이지요. 하여튼 나, 궁예의 몰락은 민심을 교묘히 움직이는 왕건세력의 역적질에 기인하는 교활한 선무공작으로 봐도 무방할 겁니다. 역적들은 이렇듯 문무 양쪽에 걸친 세력 확장과 인민에 대한 이데올로기(Ideology) 공작까지 포함된 왕건의 모반은 '준비된 쿠데타(Coup d,etat)' 였습니다. 나는 그것을 막지못해 나의 원대한 꿈이 물거품이 되었지요.

여하튼 패자가 된 지금의 내 입장에서야 무슨 할 말이 있겠소만, 하루빨리 미륵세상을 이뤄야 한다는 조급증 때문에 대업의 큰일을 그르친 것 같소이다. 나이 30에 불가로부터 세상에 나와 60을 바라보는 초로(初老)에 또다시 외톨이가 되어 산기슭을 헤매면서 살육으로 점철 되었던 지난세월 내내 처절한 생존 투쟁과 권력투쟁 속에서 허덕이며 살아오다가 회복할 길 없는 패배를 당하고 영가에 의탁하여 불경을 외우며 기약 없는 윤회를 기다릴지라도 아무미련은 없소이다. 태어나서부터 늘 쫓기며 살았지만...내가 구중궁궐에 있었다면 경험하기 힘들었을 하층 백성들의 고통스런 삶을 보면서 아무시련이 없는 미륵 세상을 어서 이뤄야겠다는 일념 하나로 살았어요. 나의 그 집념이 무리라면 어쩌겠소...힘이 있어야, 저~ 사악한 무리들을 일소하고 미륵세상을 이룰 수 있었소이다. 사리사욕에 빠진 무리들이 속된 힘을 함부로 휘두르며 권력을 손에 넣기에만 혈안이 되는 것은 내 마누라도, 자식들도, 마찬가지였어요. 내 마누라 강비와 두 자식까지 반역의 무리들과 어울려 간통까지 범했으므로 잔인하게 죽였습니다. 사실! 강비는 유력한 호족이었던 친정 쪽의 반역 모의에 연루돼 있었어요. 이제 와서 돌이켜 보면 모두가 내 부덕의 소치이지 누구를 탓하겠소이까…굳이 핑계를 댄다면 내 출생의 원한을 이기지 못해 내게로 피난 온 신라의 백성까지 목을 베게 했던 것은 신라에 대한 원한이 사무쳤던 까닭이기는 했어도 정말 안타까운 일이었소이다. 나무관세음 보살~~

왕건의 훈요8조 배역의 땅은 과연 어디일까?

나는 우리 전라도인의 억울한 지역차별에 대하여 너무 안타까웠기 때문에 이 문제를 원초적으로 풀어야겠다는 생각에 고심했습니다. 그런데 드디어 훈요 8조를 완벽하게 해독했지만, 이를 발표할 기회가 없어 고민했습니다. 그렇다고 내가 전라도 사람도 아닙니다. 나는 충청남도 서산 사람으로서 수 십대를 서산 땅에 살아왔지만 충청도와 전라도는 같은 뿌리인 환인의 직계후손인 마한(馬韓)의 신민인데도 불구하고 친일역적의 독재 잔당정권들로부터 세뇌당한 경기도와 충청도 사람들이 앞장서서 전라도를 비하하는 것을 두고 너무 안타까워 아예 전라남도로 이사 와서 연구를 거듭하여 전라도의 억울한 사정을 밝혔습니다. 이와 관련하여 저승 영혼을 빌어 방금 전에 말씀해주신 궁예 왕으로부터 왕건으로 이어지는 역사의 진실을 밝히지 않고는 이 문제가 해결 될 수 없습니다. 그래서 나는 궁예왕의 치세를 더 살펴보겠습니다. 궁예가 명주에 들어간 뒤부터 장군{將軍}을 자칭하며 비로소 도적떼가 아니라, 통치제도를 바꾸려는 혁명군의 면모를 갖춰 사실상 나라를 세우려는 단계로 발전했습니다. 그때부터 궁예는 자신을 따르는 무리들과 회로애락{喜怒哀樂}을 함께하며 매사를 공명정대{公明正大}하게 처리하여 '신라' 로부터 고혈을 착취당했다고 생각하는 백성들의 마음을 얻었습니다. 그러한 분위기를 읽은 궁예는 세상이 끝나는 날 자신은 미륵으로 현신{現身}하여 피폐한 백성들을 구원하겠다고 했으며 수탈당하던 민초들은 궁예 왕을 진심으로 믿으려했을 겁니다. 신라 천년왕국의 단단한 축대를 허물고 새로운 세상을 갈망했던 미륵불의 화신 궁예의 철학은 왕건의 쿠데타 정권에 의해 미치광이로 매도되었습니다. 언제나 그렇듯 역사는 승리자의 기록이기 때문에 실패한 정권에게 관대하지 않았습니다.

역사의 한 시대적 요청 앞에 온몸을 내던지며 쓰려져간 미륵세상의 꿈을 꿨던 궁예왕은 과연 냉혹한 폭군인지, 아니면 역사의 희생물일까요? 역사는 항상 승자 중심의 논리가 너무 강했습니다. 이는 단지 기록의 문제만은 아니지요. 우리는 역사를 제대로 살펴보지도 않았고 시대마다 정권들의 입맛에 맞는 대로 승자의 기록인 역사 중에서도 당시의 정권취향에 유리한 대목만을 골라 부각시키면서 옳은 항거의 진실은 왜곡하는 방법으로 나쁘게 설명했으며 정권 안보에만 지나치게 악용했지요. 역사를 이해하는데 있어 중립적이거나, 패자 입장에서의 해석을 상정해보지도 않았으며 오직 정권에 유리한 일방적인 기록을 참고함은 물론이고, 그 해석도 왜곡 편향하여 인용했습니다. 옳은 것은 이유 불문하고 승자가 모두 차지하고, 패자는 나름의 변명이나 진짜로 옳았던 정당성조차 무시당하고 철저하게 모략당한 경우도 있습니다. 이런 점 때문에 우리는 역사 속의 스타를 제대로 알지 못하는 것은 아닐까요? 더구나 정치권력을 둘러싼 싸움에서 승부를 결정짓는 것은 운도 따라야 한다는 말이 있습니다. 정치사에서는 단지 실력만이 아니라. 운이 더 큰 몫을 차지하는 경우가 많습니다. 이런 불이익을 당한 지도자가 아마도 후삼국 시대의 걸출한 영웅인 궁예가 아닐까요? 역사 속에서 궁예는 포악한 성격으로 처자식을 비롯해, 많은 사람을 무고하게 살해한 폭군으로 기록하고 있습니다. 그렇다면 왕건은 사람을 죽이지 않았나요? 패자인 궁예가 사람을 죽인 것은 비난받아 마땅하고 왕건이 죽인 것은 칭찬받아야할 만큼 괜찮을 까요? 궁예는 그 자신을 미륵이라고 사칭한 사이비 교주정도로 고려역사는 기록되고 있습니다. 이 점은 남한뿐만 아니라, 북한에서도 마찬가지예요. 신라보다 고려에서 역사적 정통성을 찾는 북한의 고려 연구는 남한보다 활발한 것으로 알려져 있는데요, 그들의 궁예 평가에 있어서도 그는 '통치기구를 꾸리고 인민들에 대한 억압과 착취를 더욱 강화하고, 땅을 넓힐 목적으로 싸움을 끊임없이 벌려놓은 사악한 인물' 로 묘사하고 있습니다.

과연 그럴까요? 궁예는 남과 북에서 공히 폭군으로 취급받고 있지만 그를 객관적으로 보고자 하는 학자들은 이러한 평가에 적지 않은 반론을 제기한 바 있습니다. 미국 캔사스 대학의 허스트 3세 교수는 "선인, 악인, 추인{麤人}이란 논문에서 고려왕조 창건속의 인물들 중에 왕건은 선인(善人), 견훤은 악인(惡人), 궁예는 추인(醜人)

의 배역을 받았지만, 그들 중 어느 누구도 고려사에 기록처럼 성스럽거나 악한 존재는 아니었다. 라고 주장하고 있습니다." 사가들이 역사를 편찬하던 그 시점에 특수한 정치적 목적을 이루기 위해 여러가지 배역을 맡게 된 것처럼 보인다." 라며 정사의 진실성에 의문을 던지기도 했습니다. 허스트 3세 교수는 이러한 의문을 바탕으로 사료를 면밀히 검토한 결과 궁예에 대해 "큰 야심과 정치적 지혜가 있었으며, 개인적 권위가 있었고 사람들의 능력을 잘 판단할 줄 아는 인물로서, 곧 인재를 볼 줄 알았던 정치가라고 평가했습니다. 그 실증으로서 궁예 왕국에서 행한 잘된 부분의 정치적, 행정적, 업적이 고스란히 왕건에게 넘어갔으며 왕건의 탁월한 지도력으로 통치의 근간을 새로 짰다는 혁신적인 정책들로 판단할만한 아무런 이유를 발견치 못했다라고 결론짓고 있습니다.

○ 궁예의 사실적이고 객관적인 평가는 어떨까?

궁예가 혈혈단신으로 반란군에 투신해 자신의 세력을 형성하고, 끝내는 한반도 지역의 7활을 점령해 후삼국 통일의 기초를 마련한 데서 볼 수 있듯, 그의 정치적 역량은 남달랐습니다. 이는 개성지역의 유력한 호족의 아들로 태어난 왕건이나, 한 지역에서 장군 행세를 했던 지방의 토호(土豪)세력자의 장남으로 태어났던 견훤보다도 나쁜 출신상의 핸디캡(Handicap)을 딛고 일어선 것이라서 한층 더 높게 평가해야 한다는 겁니다. 더구나 고려왕조 창건의 바탕은 궁예가 이뤄낸 태봉의 세력권만이 아니었어요. 재능있는 젊은이들을 좌절케 했던 신라의 골품제도를 타파하고 신분이 아닌 능력 중심의 인재를 등용하는 등 신라와 대비되는 국가체제를 정비해 놓은 태봉의 제도가 그대로 고려의 정치조직으로 수용되었습니다. 그러나 궁예의 몰락 뒤에 왕건가의 신하인 고려의 사관들은 궁예의 이런 긍정성은 의도적으로 감추고, 오직 왕건을 빛내기 위해 궁예를 매도했습니다. 고려왕조의 정통성을 확보하기 위한 역사의 세탁이라고 해두지요. 궁예를 역적으로 봐야할 "삼국사기" 에서조차 궁예를 사실적 평가함에 있어서는 '사졸(士卒)들과 즐거움과 괴로움을 함께 나누며 조직의 계율적 직책을 주고 빼앗음에도 공(公)으로 하고 사(私)로 하지 않았으며 이로써 여러 사람의 마음이 그를 두려워하고 사랑하며 떠받들어 장군으로 삼게 만들었다.' 라고 진솔하게 평가 기록하고 있습니다. 황해, 경기, 강원, 충청, 일대 실력자들의 대부분을 정복하거나, 귀순시켜 한반도의 절반이 넘는 지역을 장악한 세력권을 가졌던 궁예가 왜 몰락한 것일까요? 정사에서 말하듯 정권말기에 들어 그가 변태적 성격파탄을 일으켜 포악하고 잔학한 정치를 일삼았기 때문일까요? 그러나 허스트3세를 포함한 최근의 역사연구가들은 이러한 정형화된 해석에 상반되는 당시의 주변 정황을 종횡으로 엮어가면서 객관적인 역사적 실체에 접근하는 연구 결과를 내놓았습니다.

* 궁예가 세운 후고구려의 강역

궁예는 위대한 지도자이며 태봉(泰封)이라는 국가를 세워 중원을 평정하려는 원대한 꿈을 가졌었다

위에서 살펴 본대로 궁예는 원대한 국가 확장계획을 가진 정치지도였고 왕건은 한 반도를 통일하여 그 안에서 편히 살고자하여 호족들마다 딸을 천거 받아 정략적으로 결혼하면서 정치력 발휘보다는 이권적인 패거리 지향정책으로 군림하려 했다는 겁니다. 따라서 궁예의 큰 뜻을 꺾어버린 왕건에 대한 미움과 궁예를 좇아 그를 지지하다가 패잔당(敗殘黨)으로 전락하여 상대적으로 소외된 충청도의 홍성, 청주, 등등 충절지방(忠節地方)세력들의 끊임없는 저항으로부터 여러번 생명의 위협까지 당했던 왕건으로서는 차현이남 과 공주강외 사이에 사는 그 지역사람들에 대한 두려움과 미움이 뼈에 사무쳤을 겁니다. 사람들은 젊어서 대범하다가도 늙어서 죽을 때가 되면 모든 면에서 유약해지고 후사가 미덥지 않아서 흔히 유언이라는 수단을 빌어 죽어서조차 살아있는 자를 다스려야 한다는 강박관념을 가지는 것도 사실입니다. 그런 측면에서 한 국가의 기틀을 다져놓은 왕건조차도 자신의 목숨을 노렸던 차현 지역과 공주 사이에 사는 백성들은 믿을수가 없었던 모양입니다. 그래서 그는 유언으로 '명심사항' 을 당부하는 훈요십조 중에 제 8조에서 그 지역사람들을 특별히 경계하라는 말을 남겼던 것 같습니다.

이 사실을 받아드리는 사람들마다 이해도가 다르겠지만, 전라도 사람들이 터무니없는 모략을 당했던 원한을 이해하여 보다 넓은 차원에서 연구해봤습니다. 만약에 왕건의 치세에 봉직한 사가들이 적어 놓은 고려사의 자화자찬처럼 왕건이 정말 훌륭한 정치가이고 궁예가 나쁜 정치가여서 온 백성들이 왕건을 지지하여 왕이 되었다면 궁예의 근거지에 있던 백성들을 두려워할 하등에 이유가 없을 겁니다. 오히려 궁예의 정치적 기반에 살면서 궁예와 지근거리에서 직접 통치받은 사람들은 궁예로부터 더욱 나쁜 감정을 가지고 있어야 맞습니다. 예를 들어 박정희 왼팔 격이 되어 박정희에 모든 정황을 꿰뚫어 판단하고 있었던 김재규가 1979년 10월 26일 궁정동 안가에 차려진 술상 앞에서 박정희를 향해 총을 쏘면서 "이 버러지 같은 놈!" 이라는 일성을 가했던 단말마(斷末魔)처럼 감정을 실은 것은 그가 박정희를 누구보다도 잘 알고 있었기 때문일 겁니다. 이 사실은 신문 텔레비전 방송 등을 통해 세상에 전해 졌습니다.

그러나 박정희에 실체를 잘 알수없는 산간 촌락의 외곽으로 갈수록 김재규와는 정 반대되는 감정을 가지고 있습니다. 박정희는 영웅이며 위대한 정치지도자였다고 추앙하고 있어요. 하지만 박정희를 아주 가까이세 모셨지만 영웅과는 정반대되는 사람이란 생각을 가졌던 김재규는 박정희를 죽여야 할 해충(害蟲)인 버러지처럼 판단하고 있었습니다. 그런 정서는 청와대가 가까운 서울등지의 정보가 빠르고 좀 깨인 사람들이 거주하는 대도시에서 두드러지게 나타나 김재규를 이해하는 사람들이 많습니다. 하지만 산간벽촌과 박정희로부터 많은 특혜를 받은 경상도지방 사람들은 김재규는 물론 그와 동감하는 사람들을 향해 이 땅에 함께 살수없는 원수로 빨갱이 종북 세력의 딱지를 붙이는 이유와 같습니다. 예로부터 충절의 고장으로 일컫는 충청도의 심볼(Symbol)적 위치에 살면서 그 지역사람들은 궁예를 가장 잘 알고 있었을 것이며 또는 그들로부터 특혜를 받았을지도 모르는 차현이남 공주강외 사이에 사는 사람들의 왕건에 대한 반란은 어쩌면 당연한 것이고 그들은 진심으로 궁예를 좋아했으며 왕건보다는 목숨을 걸어서라도 궁예의 정치를 계승하여 지켜야 할 만한 가치가 있는 지도였을지도 모릅니다.

그런데도 궁예에 대한 충청인 들의 충절이 나쁘다며 미워했다면 반대로 왕건은 정당성이 없는 지도였다는 사실을 역으로 나타내는 것입니다. 정말 백성들 전체가 왕건을 칭송하는 그런 지도자였다면 충청권 사람들도 나중엔 깨달았을 것이며 오히려 궁예보다도 왕건을 더 인정하고 섬겼을 겁니다. 하지만 그와 반대로 왕건은 마지막 숨을 거두면서 까지도, 그 지역 사람들을 경계하라는 훈요 8조를 남길 정도라면 분명 왕건과 그 지지자들은 충청도 지역사람들에게 크나큰 죄를 지었다고 미루어 짐작할 수가 있으며 그 이유는 위에서 살펴본대로 충청권에서 잦은 반란이 일어났던 사실에서 찾을 수 있습니다. 그럼 왕건의 유언에서 명심사항으로 당부했다는 훈요십조 중에 제 8조에서 말한 차현 지역부터 정확히 알아야할 필요가 있습니다.

학자들이 주장하는 백제 전성기의 지도

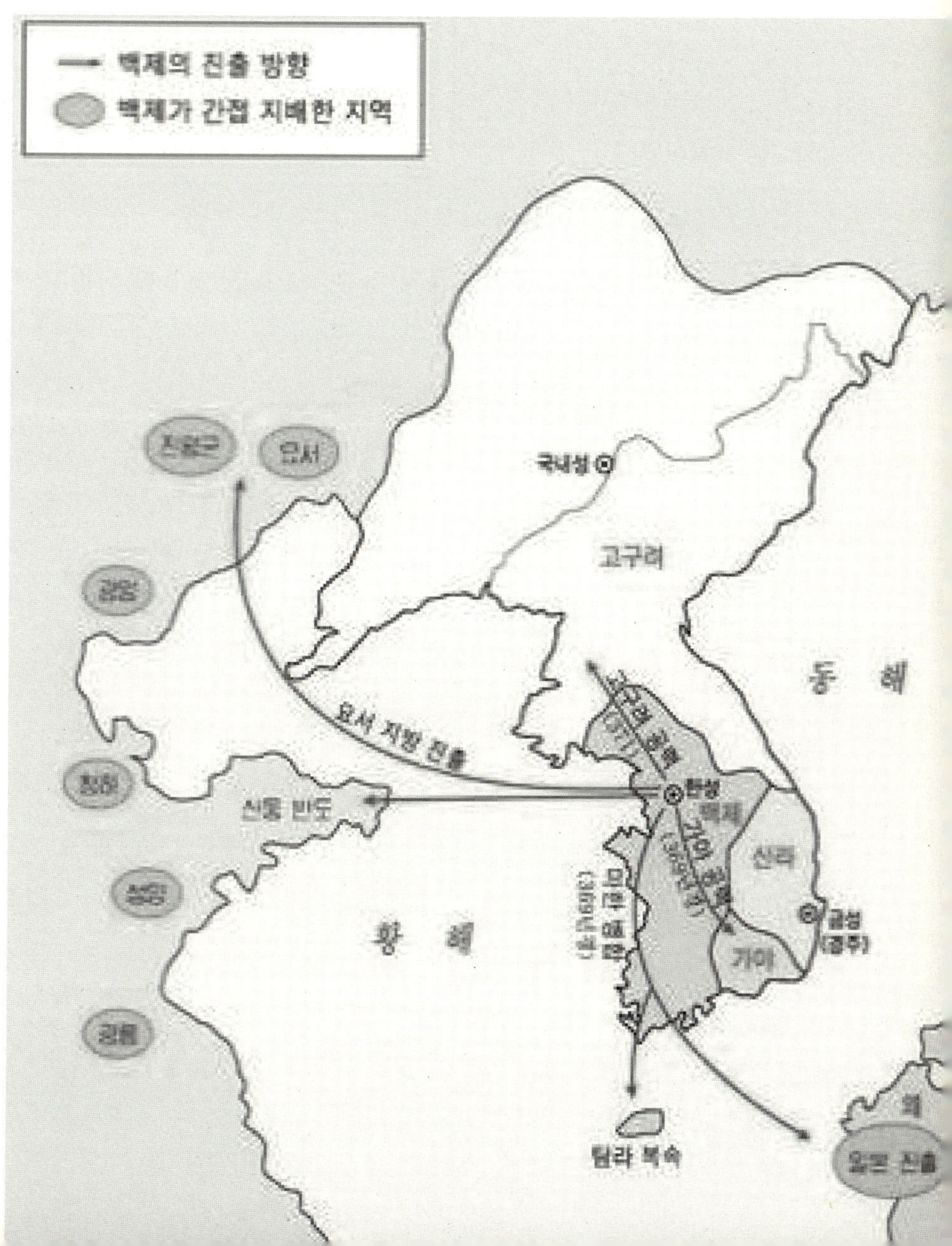

차현이남은 왕건에게 몸서리쳐지는 반란지역이었다

여기서 궁예를 기억하여 왕건이 ‘차현’ 이남 사람들에게 가지는 나쁜 기억을 살펴봅시다. 차현이남(車峴以南) 공주강외(公州江外)의 글귀를 자세히 살펴봅시다. 좀 더 깊은 상식으로 검토해보면 지금까지의 해석대로 차령과 공주강을 북쪽경계로 하여 그 남쪽 전라도를 가리키는 것이 아니라는 것을 쉽게 이해할 수 있는 표현이지요. 글자 그대로 ‘차현이남’ 은 북쪽 경계선을 차령산맥 중에 ‘차현 고개’ 를 기준으로 하고 있으며 (공주 강외)는 그 남쪽 경계선을 공주강으로 설정한 지리적 표현임을 알 수 있습니다.

결정적인 것은 바깥외(外)자입니다. 『사전(辭典)을 찾아보면 바깥(外)자는 {바깥, 이전, 밖, 위,}몇 가지 뜻이 있습니다. 즉, 외(外)와 상(上) 또는 이전(以前)의 뜻을 가진다는 것이지요. 따라서 공주강외(公州江外)에서의 외(外)자는 바깥의 뜻으로 쓰인 것이 아니라, 어디인가로부터 이전(以前)이라는 의미로 차용되고 있다는 점입니다. 말하자면 공주강외는 (공주강 이전. 또는 위) 즉, 차현(車峴)으로부터 공주(公州)사이로서 공주강 남쪽이 아니라, 정확하게 공주강의 이전, 또는 바깥을 기준하여 차현까지의 사이를 의미합니다. 이렇게 되면 차현이남과 공주강외에 해당되는 지역은 지금의 충청남도의 홍성, 예산, 아산, 천안, 공주, 연기, 충청북도 진천, 음성, 청주일대로 제한됩니다. 그러므로 태조 왕건이 훈요 제 8조에서 지적한 배역의 땅은 호남지역과는 아무상관이 없고, 차현과 공주강 사이에 있는 충청권 일부의 극히 좁은 지역으로 한정됩니다. 물론 이러한 지역설정이 단순히「이남」이나「외」같은 몇몇 문구의 새로운 해석만으로 흔쾌히 납득될 수는 없습니다. 왕건은 왜? 이 지역사람들을 나쁘게 지목했는지의 역사적 배경 등을 더 살펴볼 필요가 있어요.

*첫째, 환선길, 이흔암의 모반사건과 청주지역 호족세력의 왕건에 대한 반역사건을 들 수 있습니다. 신라 경명왕 2년(918)년에, 궁예휘하에 있던 왕건의 직속부하들인 홍유, 배현경, 신숭겸, 복지겸 등의 군사쿠데타에 의해 궁예왕을 축출하고 왕건을 추대함에 있어 백성들의 열열 한 호응을 받으며 왕위에 올랐다고 기술하고 있습니다. 그러나 고려사의 기록을 자세히 살펴보면 당시 궁예를 따르던 세력의 반발이 커서 왕건은 보위에 오르자마자 충격적인 반역사건을 겪게 됩니다. 왕건이 즉위한지 5일만에 충청남도의 공주, 홍성 지역에서 반란사건이 일어났습니다. 고려사의 기록엔 고려왕조를 창업하고 왕건이 즉위하는데 공로가 컸던 홍성출신 환선길이 일으킨 반란이었다고 적고 있지요. 환선길은 마군장군으로서, 아우 향식과 함께 왕건을 추대하는데 공을 세웠으나, 논공행상에 불만을 갖고 반역을 도모했다는 겁니다. 하지만 그것은 왕건 측의 기록일 뿐 증명할 길이 없습니다. 왜냐하면 전체 백성의 열화 같은 호응으로 등극했다는 왕

건을 역적으로 보는 세력이 반란을 일으켰다. 라고 적을수야 없었겠지요. 그러니 왕건의 쿠데타에 협력은 했지만 이권을 바라던 나쁜 놈들은 몫이 적다고 반란한 것으로 꾸며야 왕건이 좋은 사람 되는 것 아닙니까?

이러한 움직임을 개국공신 복지겸이 미리 알고 태조에게 보고했으나 태조는 이를 믿으려 하지 않았다는 것이지요. 그러던 중 환선길이 동생 향식과 50여명의 병사들을 이끌고 궁전을 습격하여 왕건의 목숨을 노렸다는 겁니다. 그렇게 위급한 순간에 태조 왕건은 태연히 잠자리에서 일어나 앉으면서 큰 소리로 그들을 꾸짖었다는 거예요. 그러자, 환선길은 태조가 놀라지 않고 태연한 것은 필시 복병이 있으리라고 판단하여 겁을 먹고 도망치다가 호위 군사들의 추격을 받아 동생 향식과 함께 처형당했다는 겁니다. 자...상식적으로 생각해보십시다. 복지겸이 이들의 반란을 미리 알고 왕건에게 보고했는데 왕건이 안 믿어서 복지겸은 예라~나도 모르겠다. 왕건 너, 내 말 안 들었다가 죽든지 말든지 네 마음대로 해라...하고 나 몰라라 했을까요.? 그렇다면 반란군 50명이 왕건의 잠자리에까지 칼을 들고 들어갔는데도 지키는 사람들이 아무도 없었을까요? 아니면 지키는 사람들을 다 죽였겠지요. 그런데 환선길이 도망치다가 누구한데 잡혔을 까요.? 이 기록은 왕건을 늠늠(凜凜)하고 기품이 있는 사람으로 묘사하기위해서 꾸며낸 소설로 여겨집니다. 설사 왕건이 반란보고를 믿지 않았다고 하더라도 그 사실을 알게 된 복지겸은 이를 대비해야 맞습니다. 왜냐하면 왕건은 잡힌다. 해도 목숨이라도 구할 수 있을는지 모르지만, 복지겸은 왕건이 실각하면 100% 죽을 것이 뻔~한데도 반역의 거사가 있다는 정보를 받고도 모르는 척 할 수 있을까요.? 이것은 왕건을 추어주기위해 조작된 기록이고 아마도 환선길 반란군은 복지겸의 매복군사들에게 잡혔을 겁니다. 하여튼 이 사건이 일어난 후 9일째인 태조즉위 14일째 되던 날에는 공주를 장악하고 있던 마군대장군 이흔암이 또 모반을 도모하다가 발각돼 처형되었습니다. 이렇듯 충청남도 공주 위쪽지역으로부터 반란이 일어난 것은 청주, 강릉, 철원과 함께 이 지역은 궁예의 강력한 지지기반이었습니다. 그러나 환선길과 이흔암 등의 처형으로부터 2개월 뒤인 같은 해 8월에 공주, 홍성 등 10여 주(州), 현(縣)이 함께 왕건에게 등을 돌리고 후백제로 투항해버립니다. 원래 친, 궁예세력인 공주는 두 번의 모반사건이 실패로 돌아가자 왕건의 지배로부터 보복이 두려워 후백제의 견훤에게 투항했습니다.

○ 둘째 반란은 충청도 청주인 들이 했다.

청주지역 출신 호족세력의 반역사건도 들여다봅시다. 청주는 원래 군사적으로나 지리적으로 중요한 위치여서 삼국간에 치열한 공방을 벌였던 곳이었어요. 그러다가 후삼국시대 효공왕 4년(서기900)년에는 궁예에게 자발적으로 귀순하여 고려에 편입된 지역입니다. 청주지역의 호족세력은 대개 몰락한 신라 진골귀족 계열로서 신라왕실에 대하여 적대적이었어요, 관련하여 궁예도 신라왕실로부터 버림받았던 관계로 청주세력은 동병상련{同病相憐}으로 쉽게 결합할 수 있었던 같습니다. 따라서 이 지역 출신 호족세력은 궁예 정권의 강력한 지지기반이었어요. 일찍이 궁예는 효공왕 8년(904) 국호를 후고구려에서 마진으로 고치고 그해 7월 그의 정치기반 지지세력이었던 청주의 토착세력 약 1천호에 5천명가령을 철원으로 이주시켰습니다. "이때 청주인들이 철원으로 이주하기위해 차현(車峴)고개를 넘었습니다. 이 고개를 넘는 청주인들은 희망에 부풀기도 했을 것이고 더러는 정든 고향을 떠나는 슬픔도 있었을 거예요. 아마도 차현고개는 근세사에 '미아리 고개' 만큼이나 유명해졌을 겁니다. 왕건의 훈요 8조에 나오는 이 차현(車峴)고개를 특별히 기억하고 넘어갑시다." 다음해인 905년 송악에서 철원으로 도읍을 옮겨 전제왕권을 확립하고자 했으므로 작은 시골이었던 철원은 거의 청주인들로 채워졌으며 청주지역은 궁예의 사실상 본거지인 동시에 정치세력 기반이었는데 그 관료출신들의 가족들 상당부분만 철원으로 이주한 것이지요.

그런데 왕건이 나라를 세운 후 청주 인근지역이 잇따라 후백제에 투항해버리자, 청주지역 전체가 동요하기 시작했습니다. 918년 9월에는 왕건의 도읍지인 철원에서 청주인 임춘길이 같은 고향 사람 배종규, 매곡인, 경종, 등과 모반을 일으켜 임춘길 일당이 처형당하는 사건이 발생했어요. 10월에는 임춘길, 경종 등의 주살에 대한 여파로 청주의 민심이 더욱 동요되는 상황에서 청주 호족세력인 진선이 그의 동생 선장과 함께 반란을 일으켰습니다. 이렇게 태조 왕건은 즉위 후 약 4개월 사이에 환선길, 이흔암의 모반사건, 공주, 홍성 등 10여 주, 현의 후백제 투항사건, 임춘길, 진선의 반란사건을 연이어 겪었습니다. 그것은 왕건으로서는 생애 최대의 시련이기도 했지요. 결국 자신의 정권 존립에 위협을 느낀 왕건은 즉위 6개월만에 궁예의 근거지였던 철원에서부터 이어지는 반란으로부터 도망치듯 청주권역으로부터 멀리 떨어져 안전한 왕건 선대의 근거지이기도 한 송악(개성)으로 수도를 옮겼습니다. 물론 왕건이 송악으로 천도한 직접적인 원인은 청주인들의 반역사건 때문이었을 겁니다. 그렇게 본다면 그냥 이전이 아니라, 청주지역 민심이 두려워 도망친 것은 아닐까요? 이러한 역사적 사건을 고려해볼 때 훈요십조 중에 제 8조는 이 모반사건이 발생한 지역 또는 반란 주모자의 출신지를 염두에 두고, 그곳을 배역의 땅으로 지목했음이 분명합니다.

○ 태조 왕건은 훈요 8조와 관련 지역차별을 둔 사례.

태조 원년 9월에 청주인 현율을 순군낭중에 임명하자 배현경 등 개국공신들이 같은 청주인 임춘길 모반사건을 예로 들면서 병권을 장악하는 순군부에 현율이 임명되는 것을 반대했습니다. 이에 태조는 부하들의 반대를 받아들여 충청인들을 경계하는 의미로 군권을 지휘하는 권한을 제외하고 행정 업무만 관장하는 병부의 낭중에 현율을 임명했으므로 모반지역 사람의 관직 임명에 제한을 둔 것은 왕건 생전에는 사실이었음을 알수있습니다. 또 목천현(천안시)의 경우를 보면 태조가 고려건국 후 목천 사람이 자주 배반하는 것을 미워하여 그 고을 사람들에게 우(牛), 상(象), 돈(豚), 장(獐)과 같은 짐승의 이름으로 성(性)을 내렸다는 겁니다. 이렇듯 반란이 심한지역 사람을 짐승과 동일시한 조치이지요. 따라서 이러한 것들을 고려해볼 때 훈요 제 8조의 [차현이남, 공주강외]란 홍성, 공주, 청주를 중심으로 한 그 인근 지역이 자연스럽게 설정됩니다. 그렇다면 배역{背逆}의 땅으로 지목된 반란지역 주민들은 항상 불이익과 차별대우를 받았을까요?. 관찰해보면 왕건 사후에 그 지역 사람들에 대한 특별한 차별을 발견할 수 없어요. 결론은 태조 왕건이 생각한 후세까지의 배역의 땅은 없었습니다.

왕건은 홍성사람인 홍규의 딸을 12번째 부인, 즉 흥복원 부인으로 삼았고 홍규를 삼중대광에 추증하였어요. 또 견훤의 부하로 끝까지 왕건에게 저항했던 홍성태수{洪盛太守}긍준을 중용하여 대상이란 관직까지 올랐습니다. 왕건의 손자인 현종{顯宗}은 거란침입 때 공주절도사로 있던 김은부에게 의탁하여 극진한 대접을 받아 그의 맏딸을 원성왕후로 맞아들였으며, 후에 그녀의 동생 둘도 왕후인 원혜와 원평으로 맞아들였습니다. 태조에 의해 짐승의 성을 부여받았던 오늘날의 천안지역 목천 사람들은 고려의 문종 때 우(牛)는 우(于)로, 상(象)은 상(尙)으로, 돈(豚)은 돈(頓)으로, 장(獐)은 장(張)으로, 복귀되었습니다. 이렇게 고려 왕조는 지역차별을 두지 않고 탕평책을 실시했습니다.

금강{錦江}은 풍수지리학적인 고려의 배류수{背流水}가 아니다

훈요십조의 제 8조에 차현이남 공주강(금강) 밖의 산형과 지세는 배역한다고 했는데... 과연 금강이남 전 지역의 산수가 풍수지리학적으로 배역의 땅인지 살펴봅시다. 훈요십조를 남긴 태조 왕건 입장에선 당연히 그 기준점을 고려의 수도인 송악(지금의 개성)으로 했을 겁니다. 따라서 반 전라도 정서를 가진 사람들의 해석에 따르면 차령과 금강이남 후백제 지역이 개경을 기준으로 배역적인 방향이란 겁니다. 『고려사』 지리지에 황산강은 지금의 낙동강, 전남 무안의 용진강은 지금의 영산강, 전남 광양의 섬진강, 등을 3대 배류수(背流水)로 꼽고 있는듯 합니다. 개경에서 볼 때 세 개의 강에 물줄기는 모두 고려의 국도{國都}인 개경을 등지고 남해안으로 흘러들어가는 것을 감안한다면 배류수{背流水}설정은 무리가 없는 것 같다는 착각을 할 수도 있습니다. 그렇다면 전혀 타당성이 없는 차현(車峴)이남 공주강외{公州江外}가 아니라, 금강이남(錦江以南} 호남도{湖南道}(고려 때 전라도 지명)또는 하남도(下南道)라고 했어야 맞습니다.

그런데 훈요 제 8조는 분명하게 공주강외{公州江外}라고 하여 이 부분을 해석하는 사람들은 공주강{公州江}부터 배류수{背流水}로 정하며 그밖에 지역 모두가 배역{背逆}의 땅이라는 것이지요, 그러나 공주 강이든 금강은 큰 줄기가 호남 땅의 덕유산에서 발원하여 개성을 향해 북서쪽으로 흐르다가 공주부근에 와서 방향을 돌려 남서쪽인 서해로 빠져나가므로 개경을 등지고 흐르는 배류수가 될 수 없습니다. 다시 말하면 임진강{臨陣江}이 배류수{背流水}가 아닌 것처럼 서해로 흘러가는 금강을 배류수라고 할 수가 없어요. 하지만 금강을 배류수라고 보는 입장은 고려가 아니라, 신라{新羅}측의 풍수지리설입니다. 즉 경주를 기준으로 볼 때 금강은 비슷한 위도{衛道}상에서 등을 보이며 흘러가므로 배류의 강이 되는 것이지요. 『삼국유사』 김유신조{金庾信祖}에 나오는 역류지수(逆流之水)엔 금강을 배류수로 의미하고 있습니다. 따라서 금강은 고려의 배류수가 아니라, 신라 경주를 기준으로 한 배류수임이 분명하게 나타나고 있습니다. "동국여지승람" 권22 고려사엔 양산 황산강(낙동강) 무안의 용진강(영산강), 광양의 섬진강,을 3대 배류수라고 명기하고 있습니다. 금강은 고려사와 동국여지승람 어디에도 고려의 배류수로 기록되지 않고 있습니다. 그러한 금강을 개경의 배류수로 전제하고 거기에 따른 특정 지역의 산세가 배역 형세라고 몰아가는 사람들은 분명히 신라의 경주를 기준으로 하는 배류수가 금강이라는 것을 아는 사람들일 것이며 이들은 악의적으로 금강을 배류수로 정하여 훈요십조 중에 8조를 이용하여 지역차별로 정치적인 이익을 보려는 집단에게 아첨하는 지식인들로 볼 수밖에 없는 이유입니다.

○ 고려 왕건이 지칭한 훈요 8조의 차현(車峴)은 과연 어디였을까?

관련하여 왕건이 말한 차현이남(車峴以南)이 충북 음성군 삼성면의 '수레티재' 인 까닭을 밝혀보겠습니다. 여기서 먼저 알아야 할 것은 현(峴)이라는 글자의 원 뜻과 쓰임새입니다. 현자는 뫼산(山)자 옆에 볼견(見)자가 붙어 있습니다. 높은 곳이 아니라 평탄하게 바라볼수 있는 완만한 고개를 나타낼 때 쓰는 글자입니다. 이 글자는 의외로 많이 사용되지요. 전라남도 끝자락인 목포에 가면 석현동(石峴洞)이라는 곳이 있습니다. 지금은 아스팔트로 포장되어 도시가 되었지만 옛날에는 유달산에서 뻗어 내려오는 능선에 돌 자갈이 많고 완만한 고개라는 의미로 붙여진 이름입니다. 부산에 가면 대현동(大峴洞)이 있을 겁니다. 서울에는 회현동(會峴洞) 아현동(亞峴洞 논현동(論峴洞) 갈현동(葛峴洞) 상현동(上峴洞) 남현동(南峴洞) 녹현동(綠峴洞) 율현동(栗峴洞) 전국각지엔 현이 들어가는 얕은 고개이름은 수도 없이 많습니다. 물론 지금은 그 지역 특성에 따라. 글자가 좀 바뀌어 다르게 불리고 있을 곳도 있지만 처음에 붙여진 고개현(峴)자에 의미는 하나같이 나지막한 고개를 의미합니다. 그런 맥락에서 볼 때 훈요 8조의 차현(車峴)을 차령산맥(車嶺山脈)으로 해석하는 억지 왜곡으로 전라도를 욕되게 하고 싶은 사람들이 그 토록 주장하는 현(峴)이 곧 령(嶺)이라는 엉터리 논리를 한번 따져 봅시다. 재령령 또는 뫼뿌리령(嶺)자는 산봉우리 즉, 줄기를 뻗어가는 험한 준령(峻嶺)을 의미합니다. 그 예를 들어보면 대관령(大關嶺) 미실령(彌失嶺) 한계력(寒溪嶺) 철령(鐵嶺) 진부령(陣富嶺) 화절령(花折嶺) 조령(鳥嶺) 추풍령(秋風嶺) 차령(車嶺)등이 있습니다. 우리들이 익숙하게 사용하는 단어로서도 태산준령(泰山峻嶺)은 있어도 태산준현(泰山峻峴)이란 말은 어느 역사에도 없습니다. 따라서 현(峴)이란 사람이나, 수레가 오고 갈수있는 얕은 고갯길을 의미한다는 사실입니다.

*태조 왕건 시대에는 차령산맥(車嶺山脈)이라는 명칭 자체가 존재하지도 않았습니다. 차령산맥(車嶺山脈)은 오대산에서 시작하여 경기도와 충청도를 거쳐 남서방향으로 뻗어내려 보령을 이어 서천까지 뻗은 총길이 250km에 평균높이가 600미터밖에 안 되는 나지막한 산맥입니다. 그 산맥의 특징은 북동쪽에서 남서쪽으로 뻗어가면서 끊기는 듯, 하다가 높이가 낮아지기도 하면서 이어가다가 충남 서천군에서 끝자락이 바다 속으로 들어가 섬으로 남아있는 산맥이지요. 이 지대의 위치는 중세(中世)로부터의 지구의 맨틀(Mantle)작용에 기인하여 형성된 산맥으로서 기반은 화강암(花崗巖)과 편마암(片痲巖)으로 이루어졌습니다. 따라서 차령산맥(車嶺山脈)이란 이름을 갖게 된 것은 1903년 일본의 지구과학자 "고토분지로" 라는 사람이 한반도(韓半島)의 산맥체계(山脈體界)를 만들면서 처음으로 차령산맥이

란 이름을 붙였습니다. 차령산맥은 고도가 매우 낮기 때문에 일본인이 만든 이 산맥에 대해서 대동여지도에도 나타나지 않는 등 역사적으로 산맥으로 인정받지 못했던 평범한 산을 굳이 산맥(山脈)으로 볼 것이냐를 놓고 대한민국 국토연구원이 1980년대부터 논란을 빚고 있다가 드디어 2005년 차령산맥(車嶺山脈)을 인정하기 어렵다는 공식발표를 했습니다.

위에서 검토해본 대로 차령산맥은 고려시대는 물론 조선시대에 제작된 지도에도 없었던 산으로서 차령산이라는 지명 자체가 존재한바 없습니다. 사실이 그런데도 왜, 차현(車峴)이란 지명이 차령산맥으로 둔갑했을까요? 차현(車峴)고개로 불러지는 곳은 경기도 안성시 죽산면과 충북 음성군 삼성면의 경계에 위치하고 있습니다. 이곳의 산세는 차현(車峴)고개를 포함하여 차령산맥으로 불리고 있기는 하지만 그저 작은 산간지역이라고 할 수 있습니다. 이 지역은 산세가 낮아 중부내륙권에서 수레가 통과할수있는 고대의 신작로(新作路)가 있던 곳으로서 충주에서 음성군 생극면과 삼성면 사이에는 차곡리, 수레울, 차평리, 수레티재, 안성지역의 거차리, 등이 있고 이런 위도를 자세히 살펴보면 나지막한 고개로서 수레가 다닐수있던 평지와 낮은 고갯길이 연결되어 있었다는 것을 알수있지요. 바다와 접한 부산을 비롯한 삼남지방의 물산은 뱃길로 서해를 거처 한강유역 또는 대동강, 압록강, 까지 물류가 이동했습니다. 그러나 중부내륙에 있는 물류들은 육로로 이동하게 되는데 아마도 수레가 발명된 이후엔 줄곧 이 길을 통행했을 겁니다. 삼국시대 또는 신라, 고구려, 등의 고대인들 운반수단은 수레가 전부이므로 준령(峻嶺)에 해당하는 곳은 수레가 통과할 수 없으므로 현(峴)에 해당하는 낮은 고개로 돌아서 넘어야 합니다. 당시엔 남쪽에서 올라오는 물류가 충북 진천군의 중산간지대를 통과할수 없었으므로 충주 쪽으로 돌아서 괴산과 증평사이의 골짜기를 거쳐 차현(車峴)고개로 넘어 죽주산성을 통과하게 되는 것이지요.

이렇게 교통의 요충지인 경기도 안성시 일죽면의 죽주산성(竹柱山城)은 그만큼 중요한 곳이었으므로 삼국시대(三國時代)에도 중부권을 지키는 요새로 관리되었습니다. 말하자면 요즘말로 중부권 방위사령부가 그곳 죽주산성이었습니다. 영남, 중부권의 물류 유통은 이화령 골짜기를 돌아서 청주를 통과하여 죽주산성 삼거리를 지나, 일부는 서해로 빠져나가 당나라까지의 뱃길로 이어지고 일부는 이천을 거쳐 경기도 광주군 남한성을 통과하여 한양으로 들어가는 광진 나루를 건너게 됩니다. 그리고 또 한 가닥은 이천, 여주, 등을 거쳐 남한강 나루를 건너 양평으로 이동하여 궁예 정권의 신도시 철원 땅으로 들어가지요. 물론 한양 이북 또는 당나라의 물류들도 이 차현 고개를 넘어 남쪽으로 내려가 신라의 왕도(王度)인 서라벌에 공급하게 됩니다. 통일신라는 차현(車峴)고개 이남과 청주지역 사이에 2소경(小京)을 두었습니다. 신라의 중심도시로부터 떨어져 있는 중요한 교통요지에 소경(小京)이라는 관청을 다섯 곳에 두었고 이것을 신라의 5소경이라고 했습니다. 즉, 물류가 유통했던 오늘날의 경기도 안성시 일죽면은 죽주산성을 축조하여 삼남의 물류유통을 관장하는 주요한 정치, 군사기지였습니다. 그곳은 '서라벌을 중심으로 하는 삼남지역의 물류가 그곳 차현(車峴)고개를 통과하지 않으면 한양과 신라의 서라벌에 연결되는 통로가 없었지요. 그래서 차현(車峴)은 오늘날의 호남고속도로와 경부고속도로가 분기(分岐)하는 대전(大田)만큼이나 유명한 곳으로서 알려져 있었습니다. 따라서 차현이남(車峴以南)은 정확히 경기도 안성과 충북 음성군의 경계에 있는 고개 이남을 의미합니다. 이곳은 하루에도 수많은 수레가 짐을 가득 싣고 덜그렁거리며 지나다녔고, 그 주변엔 주막집이 즐비하여 길손들이 수레를 멈추고 주모를 불러 막걸리 한잔 걸치는 이 시대의 고속도로 휴게소만큼이나 잘 알려져서 이름만 대면 누구나 알 수 있는 삼국시대의 대표적인 교통 중심지였습니다.

(차현(車峴)고개 자료인용)

한남금북정맥 화봉육교(차현고개)

한남금북차(차현고개-쌍봉2리) 마이봉 398m마이산 [馬耳山]

높이 : 473m위치 : 충북 음성군 삼성면

특징, 볼거리

망이산(望夷山)은 마이산(馬耳山)으로 변이되어 불리는 산으로 충북 음성군 삼성면과 경기도 안성시 일죽면의 경계를 이루고 있으며 중부고속도로 바로 옆에 있는 산이다. 산세가 좋다거나 볼거리가 많은 산은 아니지만 도심에서 찾기 수월하고 망이산성과 봉수대터가 남아 있으며, 정상에서의 주변 전망이 시원스러워 가볍게 찾을만 하다. 특히 정상의 봉수대는 흔히 볼 수 있는 원형이 아니라 장방형으로 되어있어 다른 곳과는 사뭇 다르다.

이 망이산성은 1980년도 단국대학교 학술 조사단에 의해 발견된 것으로 현지 주민들이 마이산으로 호칭하고 있는데 이는 망이산이 마이산으로 변한 것으로 추정된다. 산성은 마이산 중심으로 내성(봉수대가 있는곳)과 이곳에서 북쪽으로 낮은 평원을 이룬 외곽 산봉들이 능선을 따라 약3km 주위에 둘러 쌓은 성곽을 구경할수 있다.

주변은 울창한 수목이 어우러져 역사 탐방과 함께 등산하면 좋은 장소이다.

산행 시간3시간 산행 지도

마이산 위치

산행 코스

제 1 코스 : 매산사입간판 - 매산사 - 삼거리봉(정상표지석) - 헬기장 - 정상 - 헬기장 - 삼거리봉(정상표지석) - 차현고개(화봉육교) - 매산사입간판 [2시간] 일죽-화봉육교 일죽에서 삼성면 운행하는 3번버스 이용하여 화봉육교 하차.

**주요 사진설명

1) 지도는 위쪽에 표기된 "수레티고개" 참조

2) 차현 고개 등산로 표지판

3) 차현 고개 마이산 정상 표지석

4) 이 시대의 차현 고개 실체모습의 도로

* 아래 지도 좌측 빨강선이 중부고속도로이며 그 상단부분에 작은 글씨로 써있는 마이산과 황석골산 사이에 '수레티재' 가 차현(車峴) 고개입니다. 신라, 고려, 조선까지 삼남의 물류를 실은 수레가 통행하던 그 고개에 지금은 중부고속도로가 통과하고 있습니다. 옛 선조들이나 후세 사람들도 보는 눈이 다르지 않은가봅니다. 옛날에는 뱃길이 가까운 곳은 해상으로 물류가 이동했기 때문에 물길이 없는 중부권에서는 이 차현 고갯길이 가장 크고 유일한 민족의대동맥이었습니다.

말이산
수레티고개
대야리
다홍산
대정리
삼성면
용성리
용산리
구계리
우등산
관성리
각회리
쌍봉리
진평리
금왕읍
차현고개등산로

마이산

〈--차현(車峴)고개 옆에있는 마이산 정상 표지석

* 멀리 차령산맥이 병풍처럼 둘러 서있으나, 유일하게 이 용성천 개울 둑길을 따라가면 마치 산이 문을 열어주듯 차현(車峴)고개가 나온다.

* 이 길을 따라가면 우측에 마이산과 좌측에 황석골산이 마주하는 골자기가 '차현' 고개이며 신라, 고려의 중부권 수레가 통과 하는 남북 대동맥 길이다.

* 이곳이 '수레티재' 차현(車峴)이며 우측에 마이산 끝자락이 보이고 좌측엔 황석골산 끝이 겹쳐져 대문을 열어주듯 천혜의 교통로가 생겨 신라와 고려의 중부권 물류가 유통되던 곳으로서 오늘날은 중부고속도로가 터널 없이 통과한다.

○ 공주강외(公州江外)란 정확히 어디를 말하는 가?

위에서 알아본바와 같이 차현(車峴)이 안성시 일죽면 과 음성군 삼성면의 경계라는 것은 알았는데 과연 공주강외란 어느 곳을 말하는지 입니다. 고지도(古地圖)와 조선시대의 산경표(山徑表)엔 백두대간(白頭大幹)의 청북정맥(淸北正脈)과 한남정맥(漢南正脈)사이에 있는 것은 청천강(淸川江)이라고 했어요. 또한 한북정맥(漢北正脈)과 한남정맥(漢南正脈)사이에 있는 것을 한강(漢江)이라고 합니다. 그리고 금북정맥(錦北正脈)과 금남정맥(錦南正脈)사이에 있는 강을 금강(錦江)이라고 하지요. 그다음 낙동정맥(洛東正脈)에 있는 강은 낙동강(洛東江)입니다. 동국여지승람(東國輿地勝覽)에서는 이를 세분하여 강물이 흘러가는 지역에 따라 구분했습니다. 예를 들어 금강(錦江)이 충북 옥천지역을 흐를 때는 적등진강(赤登津江)이라하고 청주지역을 흐를때는 청주강(淸州江)이라고 불렀습니다. 그리고 연기군 지역으로 흐를 때는 부강(芙江)이며 웅진지역을 흐를 땐 웅진강(熊津江)이고, 부여지역을 흐를 땐 백마강(白馬江)입니다. 더 하류지역을 흐르면 고성진강(古城津江)(오늘날의 錦江)으로 불렀으며 강 전체를 부르는 이름은 없었습니다.

* 왕건 시대엔 차령산맥이란 존재가 없었고 "조선시대의 산맥정리법" 이다.

따라서 웅진(熊津)이란 본래 지명이 곰 나루터를 의미하며 통일신라 경덕왕때부터 웅주(熊州)로 바뀌었지요. 고려로 넘어오면서 왕건은 웅주(熊州)를 공주(公州)로 바꾸고 공주현(公州顯)을 세우면서 자연스레 공주지역을 흐르는 강은 여타 지역처럼 공주강으로 부르게 됩니다. 이상에서 검토한바와 같이 공주강이 곧 금강을 이야기하는 것은 전혀 아니며 공주관내를 흐를 때만 공주강인 겁니다. 따라서 공주강외(公州江外)지역을 호남으로 해석하는 것은 무식하거나 악의적인 이유 말고는 설명할 수 없는 천부당만부당한 역사해석입니다. 예를 들어 한강도 지역에 따라, 동강, 소양강, 홍천강, 평창강, 주천강, 북한강, 성강 남한강, 등등 이지만 경기도 일부와 서울지역을 흐를때만 한강이며 임진강도 북한지역에서부터 지나는 곳마다 다른 이름을 가지고 있어 징포강, 고랑포강, 한탄강, 등으로 불리다가 파주지역을 흘러갈 때 임진강이며 한강에 합류된 뒤엔 그냥 한강하류 또는 임진강하류로 부릅니다. 이와 같이 어느 강이든 군(郡) 현(縣)을 거쳐 흐르는 곳마다. 강 이름이 다르게 부르고 있음을 알 수 있습니다. 예를 들어 동강, 이나, 소양강외 지역을 우리나라 전 지역으로 보는 사람은 초등학교 학생조차도 없을 겁니다. 그 밖의 모든 강을 거슬러 올라가면 지역에 따라 전부, 다른 이름을 가지고 있습니다.

결론을 낸다면 공주강은 공주현을 흐를 때만 공주강이고 그 밖의 지역은 공주강이 아닙니다. 굳이 공주강외(公州江外)에서의 바깥외(外)자를 공주군 중심으로 둥글원(圓)을 그려 주변사방으로 해석한다 해도 아랫녘으로의 그 범위는 부여지역으로 흐르는 '백마강' 외곽지역과 중첩하며 즉, 공주와 부여사이의 중심선에서 합치되는 지점까지입니다. 위에서 살펴본 대로 바깥외(外)자를 위로도 읽는다는 개념으로 보면 정확하게 공주현을 기준으로 위쪽이거나, 최소한 외곽지역으로서 충청도 일원을 말하는 것입니다. 삼국시대엔 충청감영이 공주에 있었던 곳으로서 충청남도의 수도권에 해당하고 충북의 충주감영(忠州監營)과 더불어 큰 도시였습니다. 오늘날의 충북 도청소재지인 청주는 교통의 요충지로서 발전하고 있었습니다. 관련하여 왕건의 훈요 8조는 공주와 차현(車峴)고개 사이를 정확하게 표현한 것이 공주강외(公州江外)지역이 되는 겁니다. 이런 사실을 더 정확히 알고자 한다면 도성을 기준으로 하는 표기법을 살펴볼 필요가 있습니다. 예를 들어 도성안을 나타내려면 도성내(都城內)라고 합니다. 반대로 도성외(都城外)라고 했다면 4대문 밖을 의미하는 겁니다. 참고로 조선시대의 수도는 한성(서울)이었으며 도성 안은 東 西 南 北 대문의 안쪽을 말하는 것이며 도성 밖은 4대문 밖으로서 한강까지의 사이를 뜻합니다. 구체적으로 남대문밖은 용산 지역으로서 한강까지를 남대문 밖이라고 하지요. 동대문 밖이면 뚝섬사이에 있는 왕십리 지역을 말합니다. 서울시가 4대문을 무시하고 넓어진 오늘날에도 서울시외라고 한다면 서울시 경계로부터 대략 50리(20Km)정도를 의미합니다. 서울의 기준으로 시외(市外)라고하면 서울시 외곽으로서 부천시, 김포시, 과천, 하남, 구리시, 고양시 등등 사이를 의미하지요. 교통의 발달로 지역간격 느낌이 짧아진 이 시대에도, 대전이나 목포, 부산을 가리키는 의미로 서울시 한강 외곽지역이라고 말하는 사람은 없을 겁니다. 아마도, 전라도, 경상도를 가리켜 서울의 남산(南山)이남이라고 하거나, 서울 또는 목포를 가리켜 부산의 용두산 이북, 또는 서쪽지역이라고 지칭하는 사람이 있다면 정신병원에 가게 될지도 모릅니다.

관련하여 고려시대의 조선팔도 지명을 살펴볼 필요도 있습니다. 고려의 수도는 개경(開京)이었기 때문에 개경을 중심으로 동서남북을 갈라서 평안도 지역은 패서도, 충청도 지역을 중원도, 전라도지역을 하남도, 강남도, 해양도, 경상도 지역을 영남도, 영동도, 삼남도로 불렀으며 왕이 있는 성도(城都)(개성)를 기준으로 동서남북을 세분하여 불렀음을 알수있지요. 이는 한자 문화권 국가 모두가 공통적인 지리표기법이기도 합니다. 따라서 왕건이 전라도를 경계하라고 했다면 복잡하게 공주강외 이니 차현이남이니 할 것이 아니라, 중원도 이남이라든가...하남도 등으로 표현하지 무엇하러 그렇게 복잡한 어법을 쓰겠습니까? 이를 해석하는 역사학자들은 대학 또는 유학을 했다고 목에 힘주지만 상식도 안 되는 식견으로 역사를 해설하려는 사람들이 왜곡된 논리를 대입하여 호남지역을 차별하려는 딱한 주장으로 여겨지고, 더 아쉬운 것은 호남인들은 이렇게 분명한 역사해설도 제대로 밝히지 못하고 당하기만 하는 것이 참으로 안타깝습니다.

○ 배류수(背流水)가 흐르는 배역(背逆)의 땅은 어디일까?

훈요십조(訓要十條) 명심사항(銘心事項)중에 제 8조에 말하는 땅이 배역(背逆)하다는 문구는 그 땅의 토착민들은 배반하고 역적질을 잘하여 믿을수가 없으니 등용하지 말라는 당부였습니다. 그래서 이것을 해석하려는 사람들이 과연 배역한곳이 어디인가를 찾는 과정에서 강을 기준으로 분석했고 일본시대 조선역사편수회(朝鮮歷史編修會)를 만들어 조선의 역사를 부정하고 왜곡하는 방법으로 한민족은 설화나 미신을 믿는 사람들이므로 실증된 역사만을 가르쳐야 한다는 기조(基調)로 일본을 천황(天皇)의 나라로 전제하고 조선은 미개하여 일본의 지배를 받아야 마땅하다는 사상(思想)을 주입하려는 시도로서 조선인의 국가관에 영혼까지 침략하려는 "이마이니시" 라는 일본학자의 조선인 비하와 지역갈등 조장시도의 일환으로 해석된 훈요십조 중에 제 8조에 명시된 배역의 땅으로 전라도를 지목했던가, 아니면 그의 식견이 모자라서 그렇게 해석한 것으로 볼 수밖에 없습니다.

또한 '이마이니시(今西龍)' 의 수제자로서 일본의 가르침을 받았던 이병도 박사가 조선역사 왜곡말살의 선봉이 되어 '고려사, 지리지' 와 '동국여지승람' 에 나오는 3대 배류수를 설명한 내용에 따르면 이렇습니다. " 3대 배류수{背流水}는 (낙동강, 영산강, 섬진강,) 고려 어느 때에 시작한 사상인지는 자세하지 않으나, 초기의 사상은 아닌 듯하며, 초기에는 영남의 산수보다도 금강 이남에 산수의 배역을 제 1의 관심처로 했던 모양이다." 라고 했습니다. 이 해석을 쉽게 정리하면 낙동강, 영산강, 섬진강은 배류수가 아니고 처음엔 금강이남이 배류수란 말입니다. 그렇다면 초기엔 그랬는데 지금은 아니란 이야기인지...읽고도 이해가 잘 안됩니다. 무슨 역사해설을 이렇게 복잡하게 설명합니까? 이게 우리나라의 역사학풍을 세운 대학자로서의 역사해설입니까? 이 분의 역사관을 살펴보면 확신이 없는 것처럼 애매모호하게 빙빙 돌려서 침략지배자인 일본 사람들 또는 지역갈등을 조장하여 정권을 잡으려는 못된 사람들 생각에 부합되도록 만드는 묘한 문장인 것 같습니다. 이 분의 역사해설은 무엇이든 딱, 부러지는 주관적인 신념이 없는 것 같아요. 그분의 학문 내면에는 실증이 없는 역사는 지워버리라는 '이마이니시' 즉 '금서룡' 이라는 일본학자의 가르침에만 충실했던 것으로 생각됩니다.

즉, 금강 이남이 배류수(背流水)라면 어찌해서 배류(背流)가 되는

지를 설명해야하고 '고려사' 초기에 기록 어디에 어떤 문구를 해석하면 그렇다고 분명하게 밝혀야 할 것 아닙니까? 실증역사 연구를 한다면서 한민족의 고대사를 도외시하는 사람이 이런 엉터리 논리를 전개하는 이유가 뭘까요? '자세하지 않으나 초기에는 영남의 산수보다 금강이남의 산수 배역(背逆)을 제1의 관심처로 했던 모양이다.' 이게 도대체 학자가 해설한 역사의 주서(註書)입니까? 지역갈등을 조장하려는 친일정권의 입맛에 맞추기 위해 억지논리를 편 것으로 밖에 볼 수 없습니다. 이러한 대학자의 견해를 후학들이 만고의 진리로 받아드려지는 대한민국의 학풍이 더 문제이기도 한 것 같습니다.

이병도 박사의 논리대로라면 압록강, 대동강, 임진강, 한강, 금강, 영산강, 모두 다 같은 방향으로 흐르지만 압록강, 대동강은 개경을 기준으로 볼 때 앞쪽이 될 수도 있고 뒤쪽이 될수도 습니다. 개경의 왕궁이 어느 쪽을 향하고 있느냐에 따라서 배류수(背流水)가 되는 것이지요. 그런데 문제는 서해로 흐르는 강은 대개가 동쪽에서 발원하여 서쪽으로 흐르고 있다는 사실이지요. 위에 열거한 강들은 정서쪽일수는 없더라도 서, 남간 쪽을 향해 물이 흐르고 있습니다. 특히 임진강과 금강, 한강은 거의 같은 방위로 흐를 거예요. 그렇다면 고려의 조정이 개경인데 개경의 바로 등 뒤로 흘러가는 임진강을 더 배류수로 봐야지...한참을 내려와 흐르는 공주강이남 지역의 산세에는 이렇다 할 큰 산도 없는데 하남도(下南道)인 오늘날의 전라도 땅의 배류수를 걱정하겠습니까? 그러나 경상도에 도성을 두고 있는 '신라의 서라벌' 을 기준으로 본다면 금강은 배류수(背流水)일수가 있지요. 그렇지만 금강의 북쪽인 공주강은 서라벌에서 조차도 배류수(背流水)가 될 수 없습니다. 공주강을 지나 금강이라 불러지는 논산에서 군산, 장항 쪽으로 흘러가야 비로소 서라벌의 배류수가 될 수 있습니다. 본래 풍수지리(風水地理)란 것은 집터 또는 묘지(墓地)를 기준으로 눈에 보이는 범주(凡疇)를 대상으로 안산(案山)과 태산(泰山)그리고 좌청룡우백호(左靑龍右白虎)를 정하는 법입니다. 백번을 양보하여 개경의 정기를 받는 곳이 송악산이라면 최소한 그곳에 올라가서 보일 가능성이 있는 가시거리(可視距離)안에 있는 곳을 풍수지리학(風水地理學)으로 대입할지는 모르겠으나, 한반도의 끝자락에 해당하는 하남도(전라도)땅의 풍수지리가 신경 쓰이겠습니까?

배류수(背流水)가 흐르는 땅도 바로 안성시와 음성군 사이를 의미한다

개경을 기준으로 배류수(背流水)가 흐르는 곳은 바로 차현(車峴以南)과 공주강외(公州江外) 사이인 청주강(淸州江)까지입니다. 이 물줄기는 조령산맥(鳥嶺山脈)에서 발원하여 충북 괴산군, 음성군, 증평을 거처 청주강으로 흘러들어가고...또한 강원도 오대산 줄기로 뻗어 충주를 거처 괴산군, 음성군으로 내려오면서 끊길 듯이 구릉형태로 이어지다가 차현(車峴)고개를 지나면서 산세가 굵어져서 큰 산 형세를 갖춰가는 충북 진천군과 경기도 안성시 사이의 서운산 (瑞雲山) 및 청룡산(차령산맥)의 백곡계곡(百谷溪谷)에서 발원하여 충북진천으로 흘러 청주강에서 합류하여 흐르는 물길은 개경을 기준으로 할 때 정확하게 배류수(背流水)가 되는 것이고...공주강(公州江)에서부터는 서,남간으로 흘러 금강(錦江)이 되어서부터는 개경으로부터의 배류수(背流水)가 아닙니다. 백곡계곡(百谷溪谷)에서 발원하여 청주강 쪽으로 흘러가는 물길 중간에 충북 진천군의 문백면 구곡리에 이른바 농다리라는 게 있습니다. 이 다리는 우리나라에서 가장 오래된 다리로서 1천여년이 넘었다고만 알려지는데 아마도 왕건 치세에도 존재했었을 겁니다. 왜냐하면 이 다리를 건너야 차현(車峴)고개로 통하는 지름길이기 때문이지요. 하지만 오늘날에 남아있는 다리는 수레가 통과할 수는 없고, 다만 사람들이 도보로 건넜을 것으로 추정됩니다. 아마도 당시의 수레들은 증평을 거쳐 괴산 쪽으로 돌아서 수레올 고개와 수레티재를 거처 일죽을 지나, 거차리(車遮理)에서 쉬

어갔을 겁니다.

만약 이 다리를 건너지 않고 수레를 따라서 걷는다면 차현(車峴) 고개까지는 족히 100여리 이상을 더 돌아갈 겁니다. 그 때문에 이 롱(Long)다리를 만들었을 것이며 어쩌면 삼한시대엔 차현(車峴)고개 주변이 교통의 요충지였기 때문에 이 다리를 넓게 만들어 수레가 건넜을지도 모릅니다. 왜냐하면 이 다리를 건너 직선으로 가면 차현 고개까지는 한 10Km정도 되겠지만 증평 괴산 사이로 돌아간다면 40Km이상을 돌아가게 될 겁니다. 어찌되었건 우리나라에서 가장 오래되었다는 이 다리가 남아있다는 사실자체로도 차현 고개가 얼마나 유명한 교통망이었느냐를 유추할 수가 있을 것이며 왕건의 유언에서 말한 차현은 차령산이 아니었다는 사실이 명백하다 할 것입니다. 또한 개경으로부터의 배류수가 바로 북쪽에서 남쪽으로 흐르는 이 물길을 의미하고 있을뿐 아니라, 특별한 지형을 제외하고는 일반적으로 산세는 자연히 물이 흐르는 방향으로 깎여나가게 마련이므로 물길이 흘러가는 쪽을 보고 산이 서있는 형상이므로 그 기준으로 배역여부(背逆與否)의 향배가 정해지게 됩니다.

@ 충청북도 진천군 문백면 구곡리의 농(Long)다리 전경

농다리 실물

이렇듯 고려 태조 왕건의 훈요십조(訓要十條) 중에 제 8조를 명확하게 해석 했지만, 발표할 곳이 없습니다. 왜냐하면 나는 소위 대학교수나 석,박사 학위를 받은 사람이 아니라, 그냥 보통사람의 범주에 있기 때문이지요. 그런데 KS 대학을 나오고 외국 유학까지 했다는 석,박사 학위를 취득한 전문교수라는 분들의 역사 해석을 들으면서 답답함을 느낄 때도 있습니다. 이렇게 명료하고 분명한 사실을 유명하다는 우리나라 학자들이 일생동안 역사를 연구하면서도 차현이남과 공주강외가 어디를 말하는지 정말로 몰라서 왕건의 훈요 8조가 전라도지방이라고 해석했을까? 라는 의문을 가집니다. 아마도 학자

들은 이 사실을 분명 알고 있을 겁니다. 그런데도 불구하고 전라도라는 한 지역민들을 고통스럽게 하려는 이유가 무엇이었을까요? 그렇다고 충청권 일부지역이 배역(背逆)의 땅이면 상관없다는 이야기는 아닙니다.

○ 특정인에게 배역(背逆)의 땅인 사람들은 올곧은 충절(忠節)일수있다.

이를 다른 각도에 더 자세히 살펴본다면 왕건이란 정치가를 만고불변(萬古不變)의 훌륭한 주군(主君)으로 설정할 때만 배역(背逆)이 성립되겠지요. 이 고장의 사람들이 왕건을 섬기기 위해서 태어난 것은 아니기 때문이지요. 자신들이 믿고 따르던 궁예란 주군(主君)을 억울하게 잃었다면 그에 대해 반발하는 것은 곧 충절일수 있습니다. 왕건의 훈요십조 유언은 지극히 개인적인 것으로서, 즉, 왕건에게만 배역(背逆)이 되는 것이지요. 정설(定說)적으로 배역(背逆)의 땅이 되기 위해서는 조선시대에도, 그 지역에서 반역이 일어났어야하며 그 이전의 시대나, 그 이후의 시대에도 여전히 역성반란이 반복되어야 하는 것 아닐까요? 이를테면 개성과 같은 위치로 위쪽에 있는 평양에 도읍을 정한 김일성을 무찌르려는 세력이 주로 충청도에서 나왔다든가 하는 맥락이 반복되어져야하지 않을까요? 왜냐하면 산세와 물결의 흐름은 한결같은데 한사람에게만 배역한다면 그 사람에게만 해당된 배역이겠지요. 하지만 그 지역에서 반역이 상습적으로 일어난 것이 아니라면 배역(背逆)의 땅이 아니라, 궁예라는 한 주군과 시대에 충절의 고장인 것이지요. 전임 통치자 궁예의 억울한 퇴출에 대한 원한을 갚아주려는 반항이라면 그 의미가 전혀 달라지게 되는 것이지요.

따라서 그런 고장이 어디였든 특정인 한 사람에게만 여러번에 걸쳐 항거했다면 그 항거를 당한 당사자에게서 원인을 찾아야할 것이며 그 지역의 산세를 탓할일이 아니란 말입니다. 우리가 일본을 미워하고 항일투쟁 했던 것 또한 산세 탓이 아니라, 일본이 조선을 침탈했기 때문이지요. 동서고금을 막론하고 상대로부터 억울한 일을 당하면 보복하려드는 것은 한결같습니다. 아메리카 대륙에 진출한 백인들에 대항하여 목숨을 걸고 투쟁했던 인디언들의 반항 이유도 산세가 배역(背逆)한 탓이거나, 물길이 배류수(背流水)라서 그런 것이 아니라는 사실을 이해하고도 훈요 8조를 이유로 특정지역을 배척하려 한다면 그들은 특정지역사람들을 향하여 정신적인 침략을 가하려는 의도이거나, 그렇지 않다면 문서를 읽고도 제대로 해독하지 못하는 무식한 사람들일 것입니다.

차현이남을 배역의 땅으로 해석한 이병도 박사는 과연 어떤 사람일까?

이병도사관(李丙燾史觀)이란 말이 생겨난 것은 그가 우리나라 국사학계의 독보적인 학자로 추앙받았던 박정희 정권시기인 1970년대부터입니다. 그렇지만 이병도박사가 국사연구를 시작하게 된 것은 1927년경 일본의 조선총독부 중추원 산하기구로 조직된 '조선사편수회' 활동을 통해서입니다. 이 조선사편수회(朝鮮史編修會)조직은 식민사관(植民史觀)을 조작해내는 학문적인 논리의 본산이었어요. 이병도는 일본의 '와세다' 대학 유학시절에 사학교수였던 이케우치(池內宏)박사의 추천으로 '이마이니시{今西龍)의 수사관보(修史官補)라는 직함을 맡으면서 (조선사)1. 2편 (통일신라시대) 3편 (고려시대) 저서 등의 편집을 맡아했습니다. 따라서 일본 총독부가 발행한 "조선사" 는 37권이나, 되는 방대한 분량이며 주된 내용은 재외 조선인 박은식(朴殷植)선생 등이 발간한 "한국통사" 외 조선독립의 당위성을 주장하는 서적들이 국내로 유입되어 읽히고 있는데 대하여 강력한 배척목적으로 반박하는 논리들을 집대성한 것으로 되어 있었습니다.

이병도는 조선사편수회에서 국사연구에 몰두하여 많은 연구 성과를 발표하기도 했습니다. 그는 조선사편수회에 참여하기전에 한국 근대사를 연구하기위해서는 당쟁사(黨爭史)를 연구할 필요가 있다는 의견을 냈으나, 조선사편수회의 요구에 따라 유학사(儒學史)연구로 바꿔 퇴계 율곡의 기초사상을 논문으로 서술하여 조선사편수회 창간호인 "조선사학" 에 발표합니다. 1920년대 역사연구 학풍은 세 가지로 분류할 수 있는데 하나는 박은식 신채호 선생 등이 주도하는 사학, 문헌고증 비평과 역사적 사실인식의 실증사학 및 사회경제사학인 유물사관(唯物史觀)으로 되어있으며 이 학풍은 1940년까지 이어지지요. 실증사학은 란케(Leopold Von Ranke)의 실증사학을 기초로 하여 사실적 문헌 고증주의 계열로서 랑케는 '역사적 사실은 원래 있는 그대로 기술하라.' 이므로 한국사학도 사실이 증명되지 못하는 역사는 인정하지 말라는 것이었습니다.

○ 해방후 이병도는 일본에 협력 한 것은 애국을 위한 것이라고 주장했다.

아무리 일본의 하수인이 된다고 하더라도 학자적인 욕심은 있었을 겁니다. 어떤 역사해석에 있어서 독자적인 견해가 분명한데도 불구하고 일본이 원하는바에 따라 역사적 사실을 왜곡해야하는 상황에서 자신들의 주장이 담긴 논문을 발표하고 싶었던지...소위 "진단학회" 라는 단체를 결성합니다. 왜냐하면 조선인들의 독자적인 역사연구를 세상에 알릴필요도 있었겠지만...조선인 학자들끼리 뭉쳐서 일본인들을 능가하는 친일사상을 창출하는 연구결과를 내어놓으려는 일본학자들과의 경쟁심도 있었을지 모르겠습니다. 어차피 당시대로서는 일본 식민통치를 거스르는 논문을 발표할수 없는 시대임을 몰라서 진단학회 활동을 통해서 일본과 맞서려했다는 것은 상상할 수 없는 일이며 만약에 이병도가 그런 애국심이 있었다면 다른 독립투쟁가들처럼 조선을 탈출하여 중국이나, 다른 해외로 나갔어야 그런 변명이 설득력을 가질 겁니다. 어쨌든 친일파들이 하늘처럼 믿었던 일본이 1945년8월15일 항복하자, 모든 친일파들은 자신들이 친일을 한 것은 해방된 조국에 이바지하기위해 선진화(先進化)된 일본으로부터 뭔가를 배우기 위해 협력했다고 변명합니다. 이병도 또한 일본의 탄압으로부터 우리 역사가 짓밟혀가는 것이 안타까워 내나라 역사를 연구해야겠다는 애국심으로 협력했노라고 주장했습니다.

이 진단학회(震檀學會)가 조직된 것은 1934년 5월11일이며 이병도가 주축이 되었지요, 주된 연구테마는 조선 및 인근의 역사문화 연구로서 고고학, 국어, 국문, 민속학을 총 망라한다는 거였습니다. 당시엔 고등교육을 받지 못한 조선인들에게 역사를 가르친다는 기치로 내건 진단학회 구성취지에 많은 학자들이 동의했던 것도 사실이었지요. 위원은 이병도 김태준 이윤재 이희승 조윤재 등이었으며 발기인으로 참여한 사람들은 고유선(高裕燮) 김두헌(金斗憲) 김상기(金庠基) 김윤경(金允經) 김태준(金台俊) 김효정(金孝井) 이병기(李秉岐) 이병훈

(李丙燾) 이상백(李相佰) 이선근(李瑄根) 이윤재(李允宰) 이은상(李殷相) 이재욱(李在郁) 이희승(李熙昇) 문일평(文一平) 박문규(朴文圭) 백낙준(白樂濬) 손진태(孫晉泰) 송석하(宋錫夏) 신석호(申奭鎬) 우호익(禹浩翊) 조윤재(曺尹在) 최현배(崔鉉培) 홍순혁(洪淳赫)등으로서 위 진단학회 인원구성은 이병도의 와세다대학 동문들과 경성제국대학 출신들이 주축이 되어 다양한 인맥이 참여하고 있었습니다. 진단학회가 애국단체였다는 주장에도 불구하고 이병도등 일부가 일본의 조선사편수회 활동을 겸임했다는 사실에 비춰 봐도 애국투쟁이었다는 주장은 설득력이 없는 어용단체임을 알 수 있습니다.

이병도가 진단학회를 창설하게 된 동기 중에 하나가 이병도의 연구논문 수정을 요구하는 일본학자들로부터 자존심 상하는 일이 빈번한 때문인 것으로 보는 사람들이 많습니다. 당시에 일본은 조선사편수회가 일본학자들 중심으로 운영하던 청구학회(靑丘學會)라는 학술지가 있었고 그곳에서 이마니시를 중심으로 "조선학보" 가 발간되면서 이병도에게도 원고를 청탁받아 "삼한문제 새로운 고찰" 이란 연구논문을 제출했다가 이마니시의 학설에 저촉된다면서 원고 수정을 요구받았다는 겁니다. 또한 "동양학보" 에 실린 이병도의 "청양촌(淸陽村)의 입학도설(入學圖說)" 을 읽은 경성제국대학 교수인 다카하시(高橋亨)박사가 '동양학보' 편집자인 안확(安廓)에게 이병도는 사학을 연구하는 사람인데 왜? 유학에까지 끼어드느냐며 앞으로 주의하라는 경고를 보낸데 대하여 일본학자들로부터 모욕당했다고 생각한 이병도는 아무리 친일을 해도 역시 조선인일 뿐이라는 한계를 느꼈던지...이윤재의 주선으로 '한성도서주식회사' 의 후원을 얻어 '진단학회' 를 만들게 된 것입니다.

○ 이병도는 '진단학회' 를 스스로 포기하여 친일단체임을 증명한다.

진단학회가 얼마나 인기가 없었느냐하면 자금을 대주던 '한성도서주식회사' 가 수익성이 없다며 지원을 중단하자, 김성수(金性洙)등의 찬조위원들 도움을 받으면서 근근하게 버티다가 1943년 9월에 터진 한용운선생의 제자들을 축으로 하는 '조선어학회' 사건으로 한글사용이 탄압 당하자, 이병도는 재빠르게 스스로 진단학회를 해체했습니다. '님의 침묵' 등으로 유명한 한용운 선생은 독립운동을 비롯하여 우리민족의 정신적인 뿌리를 잃지 않기 위해 많은 노력을 했을 뿐 아니라, 콜레라가 창궐하여 많은 사람들이 죽었을 때 그 험한 시신을 피해 모두 다 도망쳤으나, 선생은 영가(靈駕)들이라도 편안하게 모셔야한다면서 손수 장사를 지내주신분이기도 합니다. 하지만 한용운 선생의 무덤은 서울시 중랑구 망우리 공동묘지의 정상에 가까운 곳에 위치해 있었으며 누구하나 돌보는이 없이 잡초가, 무성한 채 2000년대까지도 방치되어 있었습니다. 하지만 다행이도 2012년에 등록 문화재로 지정되어 지금은 잘 보존되고 있었습니다. 따라서 2014년에 출간된 "잃어버린 100년" 에이어 2015년에 출간될 예정인 "You Know 대한민국" 의 논리전개가 영가회의(靈駕會議)형식을 취한 것은 '만해 한용운 선생' 의 특별한 영가 보살핌에 가르침을 원용(援用)한 것임을 밝혀둡니다.

다시 본론으로 돌아와서, 조선독립을 위해서 친일했다는 이병도 주장은 전혀 맞지 않는 이유로서 그는 철저하게 일본인들의 비위를 맞추는 행보를 했다는 정황은 일본으로부터 해방될 때까지도 이병도는 일본의 조선사편수회에 몸담았다는 사실로서 그의 애국사관 주장은 허구라는 반증으로 충분하다고 여겨집니다. 하지만 해방 후에 '진단학회' 를 재조직하여 학보를 16회까지 이어가다가 한국전쟁 발발로 중단되었습니다. 해방된 대한민국에서 굳이 '진단학회' 란 이름을 재활용한 이유는 없었을 같은데도 불구하고 진단학회 활동을 재개한 것은 아마도 그 학회가 한민족의 독립사상을 고취하기 위해 역사를 연구해온 것처럼 위장 선전하여 그들의 친일전력을 세탁하려는 속셈이 아니었을까를 의심하는 대목이이지요. 하지만 그 속내를 증명할 방법은 없습니다. 굳이 좋은 의미를 부여한다면 조선역사(朝鮮歷史)및 문화에 대한 조사연구를 발표할 수 있는 장르를 열어주었다는 공헌이 있었다. 할지라도 위에서 살펴본 여러 정황에서 일본의 식민사관을 벗어나지 못했다는 부분은 비판대상이 될 수밖에 없습니다.

구리 한용운 묘소, 종목 등록문화재 제519호 명칭 구리 한용운 묘소

구리시의 한용운 묘소에 대한 설명입니다.

한용운선생은 민족대표 33인으로 3·1독립선언을 주도하였던 독립운동가이자 승려로서 《불교유신론》을 제창하여 불교의 개혁을 주창한 불교계의 지도자 그리고 《님의 침묵》으로 저항 문학을 선도하

였던 인물로, 이곳은 선생의 애국정신을 기릴 수 있는 역사적·교육적 가치가 큰 곳이다. 구리 한용운 묘소

* 위에서 검토한바와 같이 왕건의 훈요10조 중에 8조에서 말하는 배역의 땅은 전라도가 아님을 명백하게 밝혔습니다. 그곳은 분명히 충북 음성군 삼성면과 경기도 안성시 일죽면 사이에 있는 차현(車峴) 고개를 의미한다는 확신을 가지고 2015년 2월20일 직접 답사해봤습니다. 그 지역에 사시는 분들에게 차현 고개를 문의해 봐도 전혀 아는 사람이 없었어요. 그래서 생각해낸 것이 오늘날 차령산맥이라고 부르는 그 지역의 산세를 관찰해보기로 했지요. 우선 충청북도 음성군 대소면의 한 촌락 높은 곳에 올라서서 수레가 통과할만한 지형을 살펴 낮은 곳으로만 따라가 봤습니다. 그 결과 '이 길이다' 싶은 용성천이란 개울둑길로 계속 따라가자. 아주 잘 아는 고향 길 찾아가듯 '차현(車峴)고개' 가 나타납니다. 그곳은 '마이산과 황석골산' 이 겹치는 곳으로서 마치 우리나라 옛날집의 싸리문이 빗겨 서듯 두 산자락을 열어주는 형상으로 길을 터주고 있었으며 현재는 중부고속도로가 통과하고 위로는 '오버 브리지(over Bridge)' 로 처리하여 충북 음성군 삼성면에서 경기도 안성시 일죽면으로 통과하는 간선 2차선도로의 역할을 하고 있었고, 오늘날지명은 '금일로' 이며 마을 이름은 '화봉(火峰)고개' 로 불리고 있어 그 지역 사람들에게 물어봐도 '차현(車峴) 또는 수레티재' 란 지명은 전혀 모른 채 천여년 전의 역

사를 완전 잊고 있었습니다. 그 지형을 살펴본 결과 그 곳이 아니고는 중부권의 수레가 통과할 수가 없었습니다. 왜냐하면 대동여지도에 나타난 '원기(院基)' 처럼 산세가 완전히 평풍을 둘러치듯 가로막고 있어 다른 곳으로는 우마차 종류가 통행할 수 없었음을 확연하게 알 수 있었습니다. 1903년에 일본이 조선을 침략하기 위해 지리와 산세를 측량하여 역사적 근거도 없는 차령산이란 산맥체계를 만들 것을 960년 전의 왕건이 어찌 알고 차현을 유언에 담아 장래의 차령산맥을 의미한다고 하겠어요. 이는 당시에 '차현(車峴)고개가' 그 만큼 유명한 곳이니 유언에 담았을 겁니다. 그런데도 후세 사람들이 그 유언을 차령산맥으로 해석한다면 이는 당연히 의문을 가질수밖에 없는 이유입니다.

토착민들조차도 그 고개가 차현(車峴)이 아니라, 화봉고개로 알고 있을지라도, 신증동국여지승람(新增東國輿地勝覽)과 대동여지도(大東輿地圖)엔 차현으로 나와 있으며 현대의 지도에도 '마이산 옆에 수레티재' 로 나와 있고, 그곳을 통과하지 않고는 중부권의 수레가 경기도로 넘어갈 길은 없음을 그 지역을 답사해보고서야 알 수 있었습니다. 밝힌바와 같이 차현(車峴)이 차령산맥(車嶺山脈) 전체를 말하는 것이 아님은 명명백백한데도 배역(背逆)의 땅이 금강 이남의 전라도라고 해석한 것은 분명 이병도 학설에 근거하고 있는 것 같습니다. 왜냐하면 조선조 500여년간은 태조이성계가 전주이씨 이므로 아무리 왕건의 훈요십조가 있다 하더라도 전라도가 배역의 땅이란 말을 아꼈을 것이기 때문이지요. 관련하여 일본식민통치자들은 지역 갈등을 조장하기 위해 전라도를 비하했고 그것을 배운 이병도는 학문을 통해 친일정권들의 환심을 얻으려고 전라도를 비하하는 역사 해석을 했다면 이제라도 전라도의 모든 학제에서 이 내용을 반드시 가르쳐 전라도인 스스로가 학문적으로 무장하고 떳떳해져야 다른 지역 사람들이 함부로 깔보는 일이 없을 겁니다. 그동안 어용학자들의 터무니없는 역사해석으로 전라도인들의 마음에 상처를 입은데 대하여 심도 있게 연구한 결과 훈요 8조 배역의 땅은 전라도와 전혀 상관없는 문장이었음을 명쾌하게 밝혀 이를 전라도민들과 함께 공유하고자 합니다.

우리 고대어로 '우리나라' 는 "위 내셔날(We National)" 이다.

*대한민국과 관련하여 주요한 팁(tip)을 줘야겠어요. 우리 한민족(韓民族)이란 말이 무슨 뜻인 줄 알고 사용 하시는 분은 그리 많지 않을 것 같습니다. 아마도 첫 글자가 나라한(韓)자라는 것은 모두 다 아실 테지요. 그럼 큰 대자(字)와 제국(帝國)또는 민국(民國)이 형용사라는 것은 위에세도 설명했으니 알 것이고 나라한(韓)자는 국가명칭이라고 설명한바 있어요. 그럼 뭡니까? 우리의 고대어로 우리 '나라' 이름은 그냥 "나라" 입니다. 거기다가 나라국(國)자를 보태면 결과적으로 '나라' 가 두 개 겹치지 않나요? 우리말이 나라인데 나라국(國)을 왜, 또 부칩니까? 솔직히 120년전에 '조선' 이란 나라의 임금노릇 하시던 고종황제도 이 사실을 몰랐던 같아요. 그러니 나라 이름을 '대한제국' 이라고 했던 것 아닐까요? 하지만 2014년에 '단군이 영어했다' 의 저자가 대한민국이 란 이름은 잘못 지어졌다는 사실을 밝혀냈어요. 1만여년 전에 "화더유니온(Father Union Nationa)" 들이 우리 땅에 와서 살다가 세운나라가 '베더 내셔널(Better National)' 입니다. 그런데 불과 3,200여년전 한문(漢文)이 우리나라에 들어오자, 즉 외제 좋아하는 사람들이 잘난 척하면서 한문으로

'베더' 를 "배달(倍達)" 로 번역했어요. 그리고 '내셔널' (National) 은 '나라' 라는 것 까지는 알고 있었을 것이므로 나라국(國)자로 번역한 것이지요. 따라서 '배달국' 까지의 번역은 그런대로 수긍이 갑니다. 하지만 조선시대에 와서 환국(桓國)을 한국(韓國)으로 고치고, 대한제국(大韓帝國)을 선포했는데 여기서 무식이 탄로난겁니다. 나라한(韓)자는 우리말의 '나라' 라는 뜻인데 거기다가 나라국(國)자를 또 부친 것이지요. 그럼 어떻게 되나요? 대한제국은 "큰 나라 황제 나라" 가 되는 것입니다. 한문이 은(殷)나라가 만든 글자이고, 그들은 나라를 그냥 '국' 이라고 불렀어요. 본래 한문은 형상(形象)문자이기 때문에 (네모 안에 기둥을 세우고 지붕을 만들어, 그 안에서 먹고 산다는 의미로 입구(口)를 써 놓았음) 일종의 그림에 의미를 두는 국(國)이란 글자일 뿐! 나라라는 설명이 필요 없어요. 다만, 우리말로 나라국(國)은 우리말의 '나라' 에 해당한다는 것을 알게 할 목적으로 번역한 것이지요. '대한민국(大韓民國)' 글자의 뜻을 풀어보면 "큰 나라 백성나라" 가 되나요? 이게 나라이름입니까? 우리의 언어를 이해 못하는데서 온 번역이지요. 지구상에서 국가를 나라라고 부르는 사람들은 오직 우리민족뿐입니다. 엄연히 저의 나라 글자를 가지고 있으면서도 은(殷)나라 글자인 한문을 가져다가 한국(韓國)이라고 번역하여 사용하며 그게 무슨 뜻인 줄도 모릅니다. 즉, 한국(韓國)은 "나라나라" 라는 뜻입니다. 우리들은 그런 줄도 모르고, 유식

(有識)한 체 하면서 '대한민국' 을 외치는 맹한 민족이 세계에서도 우리나라 빼놓고, 또 있을까요?

우리의 '나라' 란 말이 영어권으로 건너가서 '내셔날(National)로 바뀐 것이지요. 민족(民族)이라는 것은 내셔날(National)즉, 나라 속에 포함된 것이기 때문에 한민족(韓民族)이란 말 역시 민족을 두 개 겹쳐 놓은 것이나, 마찬가지의 개념일 뿐! 별다른 의미가 없습니다. '대한민국' 에서도 나라한(韓)과 나라국(國)이 겹쳐있어서, 한마디로 웃기는 나라이름입니다. 가급적이면 대한민국 보다는 코리아(Korea)로 부르거나, 앞으로 진지하게 연구하여 나라이름을 다시 지어야 한다고 생각합니다. 우리가 영어의 종주국으로서 세계 최초로 내셔널리즘(Nationalism)언어 민족인데도 한문(漢文)을 가져다가 대한민국이라며 같은 뜻이 중복되는 나라이름을 지어놓고 똑똑한 척 후세들을 가르치고 있는 문벌(文閥)이란 학자들이 전국각지의 향교(鄕校)에 모여 자칭 선비 또는 유도회원(儒道會員)들이라고 "어~험!" 하고 계시면서 이런 엉터리 번역을 아무런 고찰(考察) 없이 사용하는 이 나라에서 논어(論語) 통감(統監) 대학(大學)을 공부하고 미국유학을 하여 석사(碩士), 박사(博士) 학위를 받았으면 무엇합니까?

위 내용은 어쩌면 본문과 별 관계가 없지만 한문(漢文)의 번역과 역사해설이란 것이 상당부분 잘못되어있다고 생각됩니다. 내가 항상 강조하는 것은 무식한 것은 죄가 아닙니다. 그렇지만 모르면서도 아는체하는 것은 죄가 될 수 있지요. 그런 의미에서 이제 것 몰라서 피해를 당해온 전라도인들이 나서야합니다. 우선 친일 역적잔당 정권들로부터 조금은 덜 오염된 당신들의 부모세대부터 교육시키고 더 낳아가서 심하게 오염된 전국에 50세이상의 노령세대들이 뭘! 모르면서도 아는 척 하면서 함부로 투표하는 못된 버릇을 고쳐 드려야 합니다. 특히 젊은 청년들은 국내적으로는 '도산 안창호 (島山 安昌浩)' 선생이나, 만해 한용운 유관순 선생 같은 선각자들을 본받고 국외로는 인도의 '간디' 또는 미국의 '에이브람 링컨' 같은 비폭력 평화주의자들을 본받아 어리석은 노령세대들의 잘못된 국가관을 바로잡아드리지 못하면 나라와 여러분의 장래는 암담하다는 것을 깨닫고 제2의 민족계몽운동에 나설 때입니다. 오늘날의 정치가들이 부패한 것이 아니라. 우리 국민들이 너무나 무능하며 부패해졌고 그 바탕위에서 정직하지 못한 정치가들이 기생한다는 사실을 먼저 깨달을 때 우리의 희망찬 미래가 바로 거기에 있습니다. 끝 까지 읽어주신 분들께 감사드립니다.

끝으로 2014년에 출간된 "잃어버린 100년" 과 2015년에 출간 예정인 'You Know 대한민국' 을 읽으시면 우리가 친일 역적의 잔당들로부터 얼마나 속아왔는지 아시게 될 겁니다.

**농다리 전경: 위쪽으로 곧장 올라가면 차현고개가 나온다.

제목: 차농의비련 (차현고개와 농다리)

잃어버린 나라 옛 땅에 홀로선 광개토대왕 돌비석 찾겠다며 차현고개 넘더니 반란군 칼바람에 궁예따라 하늘나라 가셨나? 돌아오지 않는 님 기다리는 충청도 여인(처녀)은 농다리만 하염없이 바라보며 흐르는 눈물은 물보라 휘감아 청주강으로 흘러가네...

● 궁예가 철원에 도읍을 정하면서 3국통일을 완성하고 중원을 평정하여 잃어버린 광개통왕비문의 땅을 되찾겠다는 원대한 꿈을 펼치려고 청주권 사람들 1천호를 철원으로 이주 시켰습니다. 관련하여 사랑하는 가족 또는 연인들과 생이별을 해야 하는 사람들은 눈물로 작별을 했을 것이며 그님이 돌아오기를 기다려 농다리를 바라봤을 겁니다. 하지만 왕건의 반란과 함께 궁예와 그를 추종하던 사람들이 주살되었을 것이고 그 가족 또는 연인들은 농다리만을 바라보며 애통해하면서 생을 마쳤을 겁니다. 그런 의미에서 관련된 노래가 있었으면 좋을 것 같습니다. 이를 공감하는 작사가와 작곡자가 있다면 노래로 만들어 많은 사람들이 불렀으면 좋겠다는 생각에서 가사를 습작으로 엮어봤습니다.

드디어 전라도인임을 자랑할 때가 왔다

초판인쇄 / 2015년 03월 15일

지은이 / 문경주

펴낸이 / 임은석

편집, 표지디자인 / 도서출판 한강

펴낸 곳 / 도서출판 한강

주소 / 경기도 가평군 청평면 대성리 405-9

전화 / 031-731-7025

팩스 / 070-4194-0130

홈페이지 / www.bookhangang25.com

ISBN 978-89-97400-60-7 03300

값 10,000 원

국립중앙도서관 출판예정도서목록(CIP)

드디어 전라도인임을 자랑할 때가 왔다 / 지은이: 문경주. --
가평군 : 한강, 2015
p. ; cm

ISBN 978-89-97400-60-7 03300 : ₩10000

훈요 십조[訓要十條]
전라도[全羅道]

911.9-KDC6
951.9-DDC23 CIP2015006758